博瑞森图书
BRAGE

企业阅读 本土实践

管理 · 人文 · 生活

国网天津电力全能型班组建设实务

STATE GRID TIANJIN ELECTRIC POWER COMPANY PRACTICES OF ALL-AROUND TEAM BUILDING

国网天津市电力公司◎编著

图书在版编目（CIP）数据

国网天津电力全能型班组建设实务/国网天津市电力公司编著．—北京：企业管理出版社，2018.5

ISBN 978-7-5164-1697-6

Ⅰ.①国…　Ⅱ.①国…　Ⅲ.①电力工业－工业企业管理－班组管理－天津　Ⅳ.①F426.61

中国版本图书馆 CIP 数据核字（2018）第 064688 号

书　　名：国网天津电力全能型班组建设实务
作　　者：国网天津市电力公司
责任编辑：张　平　程静涵
书　　号：ISBN 978-7-5164-1697-6
出版发行：企业管理出版社
地　　址：北京市海淀区紫竹院南路 17 号　邮编：100048
网　　址：http：//www. emph. cn
电　　话：编辑部（010）68701638　发行部（010）68701816
电子信箱：qyglcbs@ emph. cn
印　　刷：北京宝昌彩色印刷有限公司
经　　销：新华书店
规　　格：170 毫米×240 毫米　16 开本　12.5 印张　173 千字
版　　次：2018 年 5 月第 1 版　　2018 年 5 月第 1 次印刷
定　　价：78.00 元

《国网天津电力全能型班组建设实务》编委会

目录
Contents

第一章

Chapter 1

基于移动互联网技术的机房在线实时监测智能管理平台研究

第一节　电力调度控制中心自动化运维班组面临挑战

（一）变电站申报数量增多加大了班组日常维护工作量

电力调度控制中心（简称调控中心）自动化运维班成立于 2012 年“三集五大”体系建设之后。自班组成立 5 年多来，面对各项工作任务，始终坚持以电网自动化系统的安全、可靠运行为中心，做好调控中心运行人员的“后勤”保障工作。但也存在一些问题，随着静海地区工业化步伐的不断加快，近些年尤其是用户变电站、新能源变电站的申报数量增长迅速，机房内各类系统软硬件新增数量很多，日常维护的工作量较大。需要开展创新活动解放人员的劳动强度。

（二）安全新规要求下班组面临安全与效率的双重压力

2017 年，网络安全提升到国家战略安全的高度，自动化运维专业配置了网络安全专责。目前内网安全监视平台刚刚上线，各项细化网络安全措施也纷纷出台。存在的问题有：针对变电站纵向加密装置的监管刚刚起步，如何做到与现有机房监控设备进行实时对接？如何保障在移动专网环境下，进行严格的安全分区、网络专用、横向隔离、纵向认证，同时既保障安全性又保证效率性进行运行数据的过滤和加密？这是我们下一步要研究的课题。

（三）分散的机房布局加大了班组日常巡视难度

以往对调控综合机房采取工作日双人每日三次巡视制度，做好巡视记录，主要巡视内容为机房内环境状态（空调、新风系统温湿度）、主配网自动化及其他系统运行状态（各类硬件运行指示灯、软件进程运行状态、厂站通道巡检）、电源运行状态（各类表计电压、电流、有功读数）。存在的问题有：受制于现有静海供电公司机关大楼的布局，调控中心所辖各机房比较分散，例如，自动化维护工作室、通信自动化网管机房、调控运行大厅、调控蓄电池室、调控运行大屏幕机房都与调控综合机房距离较远，这不利于日常人员的巡视。

（四）系统应急处理的专业性和有效性不足

静海调控中心不安排自动化运维人员进行非工作时间和节假日的系统应急值班，出现问题往往由调控运行人员代为观察和通报，影响了缺陷处理的专业性和有效性。自动化获取机房信息的手段也只能被动地接收短信通知，无法实时远程监控机房内各类设备的运行状态，不利于主动掌握机房“健康”状态。

第二节　用“互联网+”稳步完成班组变革

（一）“互联网+”调控工作

2017年1月18~19日，在公司召开的五届二次职代会暨2017年工作会议上，总经理钱朝阳作了题为《创新突破转型发展全面加快实现“两个排头兵”目标》的工作报告（以下简称报告）。报告指出，以数字化建设推动管理转型，就是先基于大数据、云计算和移动互联网技术在移动管理、量化管理上实现突破；再基于人工智能、物联网技术在智能管理上实现突破，从而实现公司管理由粗放式向高度精益化转型，大幅提升了管理质量和效率效益。

新模式的主要特点是引用“互联网+”技术，与传统的自动化巡检、消除缺陷工作相结合。所谓“互联网+”，意味着利用信息通信技术以及互联网平台，让互联网与传统行业进行深度融合，创造新的发展生态。换言之，即充分发挥互联网在社会资源配置中的优化和集成应用，并深度融合于经济、社会各领域之中，提升全社会的创新力和生产力，形成更广泛的以互联网为基础设施和实现工具的经济发展新形态。在可以预见的未来，“互联网+”必将带给电网技术应用、服务模式、发展理念等方面的变化。互联网将与传统电网深度融合，借鉴互联网发展核心技术，实现真正意义上的能源资源共享，构建和谐的能源网络环境。“互联网+”与电网的深度融合还能够建立合理的能源分配与节能策略，降低用能开支，保持能源的持续可靠供应，确保终端用能安全，实现区域多种能源协调控制和综合能效管理。

（二）开发调控管理手机 APP

目前，调控中心已成立由主任挂帅，副主任担任组长的项目工作组，成员主要包括调控中心青年创新优秀人才、运行班和自动化运维班的骨干力量，APP 初步设计已经完成，开发工作正在按照预定的时间节点稳步推进。

电力调度运行管理中有很多工作无法用传统方式方法解决。例如，机房的环境、UPS 的运行状态等信息的查询需要自动化运维人员走进机房实地观测，而由于目前自动化运维人员实行正常白班制度，因此公休日、夜间则成了监控盲区。为此，我们引用“互联网+”思维，将互联网技术融入日常的调控管理工作，开发一款手机 APP，实现机房、UPS 主机等设备实时信息的上传与监视，方便我们随时随地从“云端”获取设备运行信息，提升故障判别与处理的速率，进一步保障电网安全、稳定、经济运行。

（三）广泛引用技术标准

主要引用了以下标准来进行班组创新活动：

（1）GB/T 13730—2002《地区电网调度自动化系统》；

（2）DL/T 634.5101—2002 远动设备及系统第 5101 部分；

（3）DL/T 634. 5104—2002 远动设备及系统第 5104 部分；

（4）国家发展和改革委员会令第 14 号《电力监控系统安全防护规定》（2014 年）；

（5）《工业和信息化部关于印发大数据产业发展规划（2016—2020 年）的通知》工信部规〔2016〕412 号。

（四）规范涉密信息管理制度

在管理方面，自动化班组针对“五位一体”管理平台提出针对重点岗位、重点流程进行涉密信息规范的制度和管理意见，对自动化运维数据等采取专盘专人定期备份和管理，严格落实外来技术人员出入机房登记制度，严格按照电力两种工作票的标准来要求调控主站运维人员，做到时刻绷紧保密神经弦。

（五）创新载体进行安全建设

班组自成立以来始终坚持以电网安全为首任，积极创新，学习时代前沿技术，与同行业企业和协作厂商开展技术交流活动。针对电网运行安全做到防患于未然，在工作的同时积极发现工作中的风险点，积极排查并取得了一定的成果。

针对静海调控中心自动化运维人员无法进行 24 小时运行值班的实际情况，总结了以往的运行经验和教训，联合调控运行专业编写了《自动化系统故障处理手册》。

《自动化系统故障处理手册》用于训练调控运行人员在节假日和非工作日期间、自动化运维人员不在场的情况下，迅速判断故障，有效解决一些小问题，为后续自动化、通信运维人员的除缺工作提供第一手的数据资料，大大缩短了自动化系统故障时间，提高了电网运行的安全管控水平。

第三节　构建电网运行监视 APP

构建电网运行监视 APP，是自动化运维班结合已有机房监控系统采集模块和工作站，将已有信息通过新研发的手机 APP 程序进行展示和查询，主要目的是改变以往巡检机房设备状态的模式，变被动为主动，可以突破人员短缺和工作模式的限制，做到全年无死角全天候对调控综合机房进行监控。应用场景主要为调控中心管辖范围内的调控综合机房各类设备。

（一）四大模块构建电网运行监视 APP

构建电网运行监视 APP 拥有四大模块，分别为机房环境监控模块、电源系统监视模块、电网负荷监视模块、消防状态检测模块。各模块的信息上传原理基本相同，即通过终端的信息采集装置间隔，采集相应信息并上传至采集服务器。采集服务器对获取的采集信息进行处理后，将其通过 4G 移动无线专网，经过正向隔离设备传送至云端服务器。调控运行人员只需通过安装的手机 APP 即可从云端轻松获取相关设备实时监测数据，如图 1－1

所示。

图1－1　电网运行监视APP

（二）电网运行监视APP运行三步骤

1. 数据采集

数据采集是指数据仓库（ETL）工具负责将分布的、异构数据源中的数据，如关系数据、平面数据文件等抽取到临时中间层后进行清洗、转换、集成，最后加载到数据仓库或数据集市中，成为联机分析处理、数据挖掘的基础。

2. 数据存取

数据存取包括关系数据库、非关系型数据库（NOSQL）、结构化查询语言（SQL）等。

3. 基础架构

基础架构包括云存储、分布式文件存储等。

第四节　应用效果显著，系统仍需改进

电网运行监视 APP 取得了显著的应用效果，主要包括以下两个方面。

（一）提高班组巡视效率，改变班组工作模式

以往人员从巡视查勘获取数据到形成报表每日约 20 分钟，实施创新后，报表可以实现系统自动记录，手机实时查看，支持多种格式导出，为以后的设备状态评价提供第一手资料。

（二）提高处理缺陷的正确率，改变工作流程

以往在非工作日期间和节假日期间依靠被动的短信报警来判断设备故障状态，需要打电话与调控运行人员沟通查看现场机房运行环境，对事故情况进行基本判断，平均通话时间在 10～30 分钟；实施创新成果后，通过手机 APP，自动化运维人员可以实时查看需要了解的设备运行工况，通过各种工况的综合分析进行故障基本判断，为后续联系厂商运维人员备齐抢

修物资节约宝贵时间，解决了目前由依靠工作站模式到调控运行值班人员代查代转述的麻烦。

首先，在应用及推广过程中，需要攻克数据互连及交换技术、云空间存储技术、信息安全口令验证技术、数据上传和下载速度课题是否能推广并实用化的关键问题。考虑网络安全的战略高度，在仅有横向隔离装置处理数据的前提下，尚不适合进行核心电网数据的采样和上传。由于自动化专业的特殊性，任何电网信息是保密且封闭的客体，只有在机房运维方面才能依托“互联网 +”思维，将碎片化的各类设备信息组合、打包。

项目实施成功后将能够推广应用到电力、通信、医疗等拥有各类大型服务器、工作站等设备的综合机房内，或者对在运设备自身状态或环境信息较敏感的，无法安排专人进行长期值班的场所，例如档案室、小型通信机房等。

其次，在成本核算方面，该项目创新的软件开发成本低于市场主流软件开发费用，后期与移动等运营商的专网使用费用目前仍处于高位，考虑到网络速率和流量使用费用的约束，后期可以考虑租用包年宽带模式上传数据。

最后，机房内的环境处于实时变化中，各类服务器会出现整体更换、配件更换等现象，需要与维保厂商进行定期沟通，对系统软件进行及时维护，确保显示数据的准确性。

（本章撰稿人：国网天津电力静海公司　张　宇　陈天杰　陈　玲）

第二章

Chapter 2

基于VR与无人机技术相结合的急修班组后台专家支持平台

第一节 一线班组能力不足导致无人机技术应用存在挑战

目前的一线班组普遍面临着配网自动化设备、无人机等新产品、新技术、新材料的快速普及和迭代，给班组成员的技术水平提出了更高的要求。同时，一线班组还面临随着设备的增加人员明显不足，需要及时补充人员，以及班组成员新老更替，如何快速提升新员工工作技能的问题。

（一）无人机技术的应用存在挑战

无人机技术的普及应用，给急修工作中遇到的困难带来了新的解决方案。在故障巡视过程中，可以通过无人机系统完成对高山、没有道路等地区的巡视工作，改变以往完全依靠人力进行故障巡视的问题，大大提升了急修工作效率，也大大增加了急修工作的安全性。

但无人机的普及使用，对急修工作人员提出了更高的要求，既要有丰富的急修工作经验，能准确判断各种故障，及时隔离故障点；还要能够熟练掌握操控驾驭无人机，让无人机与现场的急修工作实现无缝衔接。

从目前班组情况来看，虽然无人机已经得到普及，但是取得无人机驾驶员资格和掌握无人机故障巡视技巧的人还远远不能满足急修工作的要求，急修人员急需提升自身的无人机驾驶水平和经验。即便是一些已取证的无人机驾驶员，也因为没有实地开展过无人机对故障线路的巡视而不敢在急修工作中开展无人机作业。

（二）一线班组青年员工急需成长

随着电力设备数量的快速增长，一线车间班组普遍面临人员短缺的问题，同时一线班组也在加快新老员工的交替。近年来，新入职员工已快速步入工作岗位，补充了一线工作力量，承担起现场安全生产等重要工作。如何快速提升青年员工的业务技能，特别是急修班这种一线工作任务艰巨的班组，更需要青年员工业务技能的快速累积和增长。

因此，帮助青年员工提高故障线路的巡视效率和巡视质量，及时恢复线路故障，确保电网安全稳定运行刻不容缓。如在急修班组中，无人机驾驶员的技能水平、无人机本体故障的排查、巡检中配电设备存在的安全隐患，以及各种配电线路故障的排查和处理熟练掌握，均会对巡视效率和巡视质量产生影响。在该背景下考虑如何提升急修人员的工作业务水平，同时有效地降低在实际作业中培训的风险，提高配电故障处理效率。

第二节　建立仿真系统与后台专家支持平台

针对一线班组建设中存在的新技术普及应用和新员工快速成长的问题，急修班积极探索班组建设新模式，将现代技术应用于班组建设中，开发并应用了基于无人机、VR 等新技术的 3D 物理引擎多旋翼无人机电网巡检技能仿真和电缆故障查找的 VR 仿真技术应用。通过培训方式的创新，达到解决一线班组提升员工能力和适应新技术的内在要求，最终形成了基于 VR 与无人机技术相结合的急修班组后台专家支持平台。

（一）建立模拟无人机配电故障巡检的仿真系统

无人机配电故障巡检的仿真系统是将多旋翼无人机工作理论、VR 技术与系统仿真技术相结合，可应用于配电线路的故障巡视及多旋翼无人机技能培训中，是实际多旋翼无人机培训及作业过程在计算机上的虚拟实现，具有突出的空间沉浸、高度仿真的特点。

该系统可以将真实多旋翼无人机及纵横沃野的故障线路浓缩在计算机

屏幕上，并通过真实操控进行虚拟操作（见图2－1）、闯关训练、科目考核及电网巡视，而且不消耗现实资源和能量，确保培训过程的安全高效，满足多旋翼无人机培训及评价要求，达到提高急修班成员无人机驾驶技能水平的目的。

图2－1　视觉头盔虚拟操作

为实现系统建设目标，该系统建立了简单高效的现场地形构建手段，以方便不同场景下的模拟组建立了科学准确的数学模型，真实显现配电故障线路设备状况；明确、真实地反映故障线路巡视工作的实际流程；建立了良好的人机界面、功能完善、操作简便，利于现场技术人员培训使用。在构建该系统时，实现了以下几方面因素的综合体现。

（1）为实现配电故障的真实呈现，让急修班成员达到训练效果，VR平台选型力求成熟性和开放性。

（2）系统功能实现组态化开发与维护。通过功能模块的组态化组织，各种属性的定义和功能实现之间的关系定义可重组，从而满足灵活变化的需求。

（3）系统提供真实飞行控制的使用。考虑到系统操作的需要，通过该系统的使用，达到急修班成员在训练后能够操控真实的无人机。

（4）系统操作的简单化、个性化。系统操作要符合简单的原则，简洁明了，以提升急修人员操控无人机的训练效果。

（5）虚拟仿真内容全面、准确，正确反映线路的真实情况。三维虚拟空间必须具备充分的延展空间；沿线路景物，各种配电设备及其运动状态形态逼真；工具和手段符合现场工作要求。

（二）建立模拟电缆故障查找的 VR 仿真系统

电缆故障查找是急修班工作的重点和难点。随着电缆设备的快速增加，电缆故障也因外力破坏、接头故障等原因逐年递增，而电缆故障点的查找和隔离对于青年员工来说，经验的积累显得尤为重要。电缆故障点的查找也是青年员工业务技能提升的重要环节，也就是说，电缆故障点的查找能力直接决定了急修工作的完成情况，而且对用户满意度有极大的影响。为了快速提升急修班员工查找电缆故障效率，电力公司完成了电缆故障查找的 VR 仿真技术开发与应用。

该系统通过对电缆故障定位场景、检测设备操作流程和交互动作进行全仿真模拟，一方面使急修人员产生身临其境的视觉感受；另一方面在 VR 系统中，急修人员可与场景中的设备、工具进行直接对话，使得培训体验过程生动、有趣，如图 2 - 2 所示。在开发该系统过程中，力求沉浸感强、交互性好，且不受场地因素限制，极大丰富了现有的实景培训方式，提高培训效率，有效节约培训成本。该系统可完成电缆故障查找，包括故障性质判断、故障预定位、路径查找、精确定点，电缆路径查找及电缆识别等相关培训内容。

该系统主要有以下三个功能特点。

一是 VR 教学模块。通过文字、语音、动画等形式，介绍电缆故障定位设备的使用方法、操作。

二是 VR 联系模块。通过变化不同的作业场景，没有任何引导提示，基于自身知识积累完成所有的操作步骤，达到巩固和加深的目的。

三是 VR 考核模块。以游戏任务的形式，随机设置考核场景，故障类型、电压等级、电缆长度、故障距离、考核时间和要点，急修人员需在规定时间内完成任务。

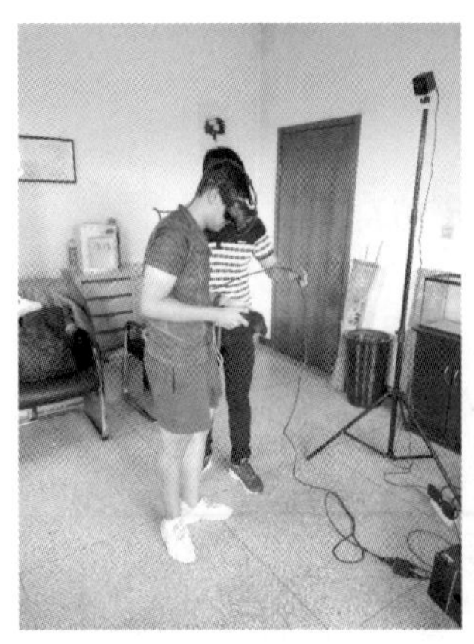
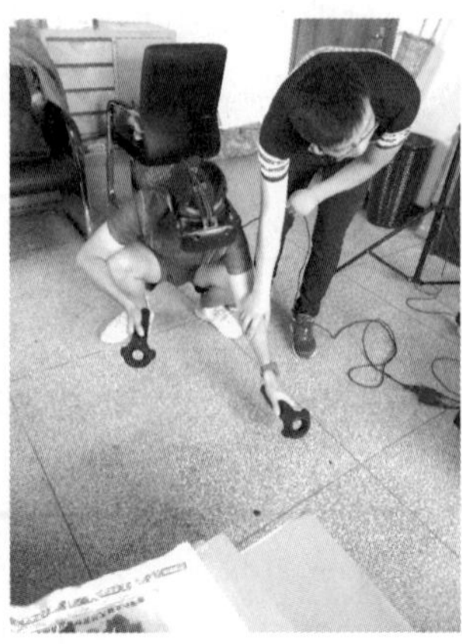

图 2－2　电缆故障查找的 VR 仿真技术现场培训

（三）建立以 VR 技术和无人机技术为支撑的急修后台专家支持平台

无人机配电故障巡检技能的仿真与应用大幅提升了急修人员的无人机驾驶技能，同时，满足了急修人员通过无人机开展配电故障巡视的相关要求。电缆故障查找 VR 仿真技术的开发与应用，使青年员工在短期内了解电缆外力故障、本体故障等不同类型故障的查找方法，切实提升了青年员工查找电缆故障的水平，快速累积了电缆故障查找经验。以上创新的培训方法基本可以满足配电故障处理的要求，但是，遇到相对较复杂的配电故障，单凭一组急修人员在现场很难快速排查出故障点，这就需要更为强大的配电故障后台专家的支持平台，共同协助解决现场故障，实现故障的快速处置和隔离。

该平台的建设基于无人机技术在配电故障现场的应用，利用无人机的多通道传输技术，通过急修现场工作人员操控无人机，采集故障现场画面，将疑似故障点画面通过无人机传输通道传至急修专家后台处，由相关专家协助急修现场人员对故障点进行判断。特别是对电杆杆顶瓷瓶击穿、避雷器击穿等隐蔽故障进行判断。同时解决了现场人员因现场环境恶劣而忽略的一些隐患点和线路运行薄弱点，从而有效提升急修工作效率，确保急修工作的安全稳定开展。

为确保该平台的顺利实施，共完成了以下几项工作：一是确定专家团队，专家团队由急修经验丰富的老师傅、运行经验丰富的运行人员、运检部配电专责、配电运检室领导及骨干等组成，遇有恶劣天气、多条线路同时故障、重要用户线路停电等及时上线参与故障点的判断和处理；二是明确工作流程和工作职责，将现场急修人员的工作职责和后台专家的职责进行明确划分，梳理工作流程，确保平台的稳定运行；三是通过形成配电运检专业的无人机巡视管理办法，固化后台急修专家协助处理故障的创新成果。同时，参照国家和公司的相关法律法规及管理办法等，明确无人机巡检的飞行高度、飞行区域等，确保无人机巡检的安全运行。

第三节　仿真系统与后台专家支持平台的应用

（一）无人机配电故障巡检技能的仿真应用

传统的实践培训教学程序，使被培训人员常常处于被动状态，难以激发他们的学习兴趣和主观能动性。在虚拟仿真环境进行人机交互式的实践培训教学（见图 2－3），有利于调动被培训人员的学习积极性，有利于增强被培训人员的独立工作能力，有利于被培训人员结合虚拟实训过程来分析思考问题，有利于被培训人员对线路故障知识的消化吸收，提高发现问题和解决实际问题的实践能力，从而达到提高培训质量的目的。

图2-3　无人机故障巡视的实操培训

（二）电缆故障查找的VR仿真系统应用

电脑故障查找的VR仿真系统的应用使急修人员在足不出户，没有检测试验设备，没有真实故障电缆，没有足够大的培训场地的情况下，就能实现不同电压等级、不同故障性质、不同场景模式（刮风、下雨、白天、黑夜、喧嚣的马路边等）、不同敷设环境（穿管、沟道、直埋、草坪、水中等），以及不同埋深情况下，不同电缆路径走向，简单环境、复杂环境、多种情况相结合的，真实的电缆故障、电缆识别的教学、练习与考核，给急修人员提供关于视觉、听觉、触觉等感官身临其境的真实体验与操作，以此来切实实现青年员工对电缆故障点查找经验的快速积累，如图2-4所示。

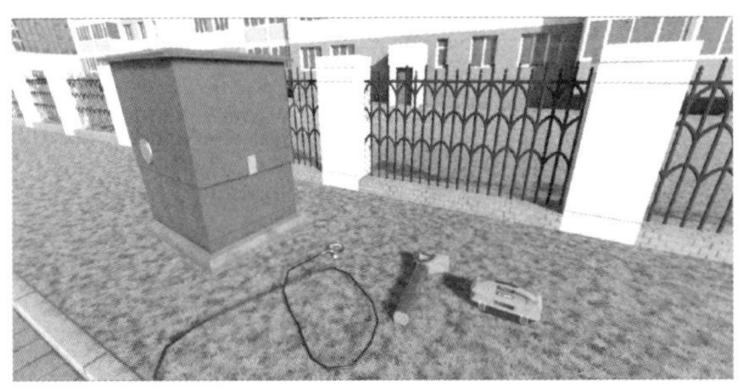

图2-4　电缆路径查找的VR仿真培训场景

（三）急修班组后台专家支持平台的应用

急修人员在开发无人机故障巡视、电缆故障查找等相关培训的同时，着手对急修班组后台专家支持平台进行试运行工作，自2017年5月试运行以来，经历了近年来最严峻的迎峰度夏工作。其中，东丽区“7·20”特大暴雨造成12条配电线路同时跳闸，临13.522等线路因地处偏远，大雨后道路状况不佳等原因，由无人机提供故障现场巡视，由后台专家协助故障点判断，截至9月，累计完成15条次故障点的处理。全运会保电工作是全年工作的重中之重，为完成好此次保电工作，后台专家支持平台还为全运会皮划艇、赛艇、篮球场馆等重要线路的特级保电提供了技术支撑。在空港经济区召开的直升机博览会等重大项目的电源线路保电等，也将该技术纳入了急修预案中，圆满完成了各项保电工作。

第四节　加强青年员工培训，提升配电急修效率

无人机配电故障巡检技能的仿真开发与应用对急修工作人员应用新技术进行线路故障巡检提供了可操作性，提高急修人员的线路故障巡检技术和技能操作水平，特别是无人机的使用大大提高了故障急修的生产效率，满足用户对快速恢复送电的需求。该系统在无人机开展故障巡检培训方面做了大量的分析与研究，采用现代计算机多媒体技术和虚拟技术，辅以多种表现形式实现培训，包含理论培训、操作培训、训练人员考核评估和仿真培训等功能，软硬件组成合理。该系统不仅适用于配电故障急修专业相关人员的培训，也可以满足配电运行人员对操控无人机开展线路巡视的相关需求，以及配电工程对工程现场勘察、方案制定等相关专业需求。

在急修班的班组培训中，共有80人次参加了无人机仿真的相关培训，实现了急修全员培训和重点培训相结合的目的。参加无人机仿真培训后，急修人员对无人机的操控都有了进一步的认识，一些青年骨干力量已经可以非常熟练地驾驶无人机开展故障急修工作。

电缆故障查找的VR仿真系统将电缆故障查找中最常见的问题进行了归集，并通过VR仿真的形式进行了呈现，对于电缆故障查找中的主要问题，如故障性质判断、故障预定位、路径查找、精确定点、电缆路径查找，以及电缆识别等内容都进行了有针对性的练习，确保了学习效果，使急修人员通过使用该系统练习后，对电缆故障查找的步骤、方法有了明确的认知。改变了以往在电缆故障查找现场忘记带各种工具、电缆路径仪和电缆故障查找仪不会使用、故障查找流程不清楚、故障查找安全风险点不清楚等问题的出现。

该系统不仅仅为急修工作人员开展相关电缆故障查找的培训，也为电缆运行人员提供了相关的培训，培训人次达到150人次。同时，东丽公司还组织了输电电缆等相关专业人员进行了观摩和培训，对相关专业的专业培训工作也起到了借鉴和推动作用。

（本章撰稿人：国网天津电力东丽公司　王立伟　任　帅　杨司宇）

第三章

Chapter 3

基于移动互联操作终端在直配仓储体系中的应用

第一节　库房管理存在多方面困难

库房管理班现有组员 8 人，主要负责市中心库房、旧表库房及 12 座计量分库房内每年 110 万具各类计量物资的仓储保管工作，工作任务巨大。随着天津公司省级计量中心“四线一库”率先通过国网实用化验收，计量仓储网络体系建设的不断深入，在转变库房作业方式的同时，也对各级各类库房内传统的作业管理理念带来巨大的挑战。

目前，各类库房仍然采用传统的人工作业方式进行管理，工作效率低下，难以满足公司“三个转型”建设任务的要求，主要体现在以下几个方面。

（一）任务下发准确性缺乏监督

库房管理班日常作业任务主要参照运营管理室周生产计划进行，由相关生产任务专责独立调度完成。由于人手短缺，每天出入库任务工作量巨大，偶然存在生产计划执行不准确的情况，造成人力、物力资源的浪费。

（二）生产计划安排主观因素影响较大

由于缺乏相关智能化辅助设备，库房管理班每天出入库作业任务主要凭借班组长多年工作经验来进行决策。随着年轻血液的不断输入，缺乏对大局的整体把控能力，如遇突发情况，难以做到快速、准确应对，计量装置不能及时送达的风险正在加大。

（三）现场作业人员主观能动性较差

由于信息共享不对称，现场作业人员多为库房各类工作任务的被动接收者，很难调动作业的主动性、能动性，制约了工作效率的提升。

（四）台账管理费时费力

目前，各类作业任务均采用签工作单的方式进行记录，由业务员专责进行统一管理。随着各类业务工单的不断积压，为后续台账的管理、查询带来巨大的不便。

（五）库房信息不透明

目前各类库房均已实现视频监控、库存信息自助查询等功能，但仅限于办公环境下才能进行。现场作业人员无法根据现场变化情况进行实时查询，难以实现对突发情况的灵活、准确应对，制约现场服务水平的提高。

第二节　建立库房管理规范化、智能化和共享化系统

库房管理班以“互联网+”思维，深度整理各项操作流程和标准，开发移动互联操作终端，通过掌机实现中心库房、计量分库房及各业务环节的可视化监控及无缝对接。

（一）规范中心库出/入库任务操作

省级计量中心平台（以下简称MDS）制定出入库任务后，直接推送到PDA终端生成待办任务，现场作业人员可通过PDA终端在线实时接收配送任务、领用任务、退回任务、移库工单等出入库任务信息，根据任务单上的资产信息核对出入库资产，进行出入库操作。

入库操作如下：如果是人工库房，通过PDA终端生成入库结果（包括任务明细、绑定关系及更新储位信息），登记设备配送人员和入库时间；如果是自动入库，PDA终端将入库任务单下发给仓储系统，完成入库操作后，PDA终端接收仓储系统返回的入库结果（包括任务明细、绑定关系及

更新储位信息)，登记送设备配送人员和入库时间。

出库操作如下：通过 PDA 终端接收出库任务，根据任务信息查询库房内设备信息，按照设备检定日期及入库时间排序。出库任务完成后，PDA 终端接收仓储系统返回的出库任务明细，登记领用人员、领用时间，并保存出库信息，自动生成设备出库明细信息，如电能表出库明细信息，互感器出库明细信息，其他设备出库明细信息等。

(二) 完成出/入库任务智能化排程

借助于掌机 PDA 内嵌智能算法，实现各项出/入库任务智能化排程。库房管理人员将出/入库任务与车辆类型绑定信息通过手持终端进行下发。现场作业人员通过 PDA 掌机查询各类型车辆的使用情况，通过扫描配送出库工单或是扫描配送出库实物，核验装车设备与信息是否一致（见图 3－1），保证实物信息匹配，防止设备装错车的情况发生。同时，系统会根据配送任务的配送点远近、多少等信息，根据“后进先出”规则，在装车时智能提醒对不同配送点设备的装车顺序，防止造成先配送的货物放到配送车辆的最里面。卸车时如有需要全部设备卸货再重新装车的情况发生，尽量减轻现场作业人员的工作负担。

通过配送点的位置信息和网络信号双重模式，实现手持终端的定位智能化提醒功能，到达配送目的地后智能提醒需要卸货的设备信息，并可以通过终端扫描方式逐具/逐箱/逐单验证资产的卸车操作，从源头上杜绝卸错货情况发生，保证卸车的实物与信息流的一致，确保各项出/入库任务的准确、可靠。

借助于随身携带的手持终端移动作业，不受时间地点的限制，消除了距离和环境的限制，实现资产的所见即所得，信息获取更为及时准确。结合先进的移动通信技术和简单易用的操作界面，实现配送全流程信息化管控，弥补配送流程管控中的盲区。

图3－1　配送装卸车界面截图

（三）实现随时随地库房信息共享

为解决信息共享不对称的难题，实现随时随地库房信息共享，库房管理班利用公司信息采集专网，将作业信息、库房信息、运行状态监控等功能搬到PDA掌机，主要包括以下内容。

1. 配送在途监控

通过手持终端软件操作，可以对配送任务相关信息和流程进行查询，对配送在途的任务进行实时定位跟踪，对配送车辆进行跟踪，打通计量物资出入/库环节最后一个盲点，实现计量资产全过程监控。

2. 自动化移动盘点

根据库房管理办法对库房设备盘点要求，通过手持终端软件，可以指定库区、存放区、储位盘点，将盘点最小单元精细化到储位。通过手持终端软件，在终端上选择需要盘点的储位，点击下架盘点，自动化库房进行自动化盘点，并将盘点后的结果回显在终端上。

3. 仓储设备智能控制

充分利用智能终端的可移动性和便捷性，采用声、光、电引导式操作模式，将仓储控制融入库房操作流程中，在流程的出/入库环节对仓储设备进行控制，完成一系列的出/入库操作。

4. 库房信息实时查询、智能预警

通过 PDA 终端可展示 MDS 系统对各级库房库存量及日常运行情况监控的结果，包括计量中心不同库房的库容量、可用库容量、库存量、已占用的库存百分比；不同设备类别、不同物料名称、不同设备状态的设备在中心区库的库存总量、在各个库房的库存量、在各个库区的库存量及在各个库房库区的占比等信息；可在 PDA 终端上对异常情况进行预警提示，如温度、湿度、电磁干扰、空气质量（洁净度）等，以保证预警的及时性，确保库房的正常运作，真正做到全员参与，全员信息共享。

第三节　实用化验证效果达到预期

该创新实践成果已在天津公司电科院计量中心库房管理班进行了实用化验证。自移动作业终端使用以来，库房管理班每周通过手持终端对计量中心的立体库进行自动化控制操作，按照库房维护管理办法要求，抽取一定数量的储位进行中心立体库移动作业盘点，减少中心立体库的库存碎片化占用，减少账物不一致等情况发生；通过手持终端对库房预警、库房环境异常情况进行监控，及时调整库房设备存储量，库房环境温湿度，减少库存储备量低于预警阈值情况的出现；手持终端推送消息，第一时间获取配送任务信息，杜绝了因信息不对称造成配送出库延误情况发生，并根据配送任务通过手持终端对配送设备进行逐单出库装车扫描，将配送装车末端环节信息化，保证实物流与信息流一致；采用“订单式”服务理念，所有出/入库任务各环节均可在系统中查询，降低了人工查询难度。

然后，计量中心选取武清供电公司作为试点单位，验证 PDA 掌机在计量分库房中的应用情况。在武清计量分库房中，通过手持作业终端，扫描工单条码，终端通过服务交互数据，判断所扫描工单的正确性，工单验证正确，系统自动提示进行装卸车操作。入库操作通过声、光、电指挥引导，无线智能终端与计量仓储体系平台进行信息交互，控制设备进行取放资产操作。在出/入库过程中，全部由设备自动验证资产的正确性，设备采用3次重复扫描验证方式，正确率高达99.9%。

整个执行过程中，无线智能终端与平台信息实时交互，获取业务及资产信息数据；资产状态与平台实时同步，确保实物与信息的统一；移动智能终端上实时显示出/入库类型、工单编号、工单需求总数量，工单已经执行的数量和工单剩余的数量等信息，使用户对工单出入库操作情况一目了然，如图3-2所示。

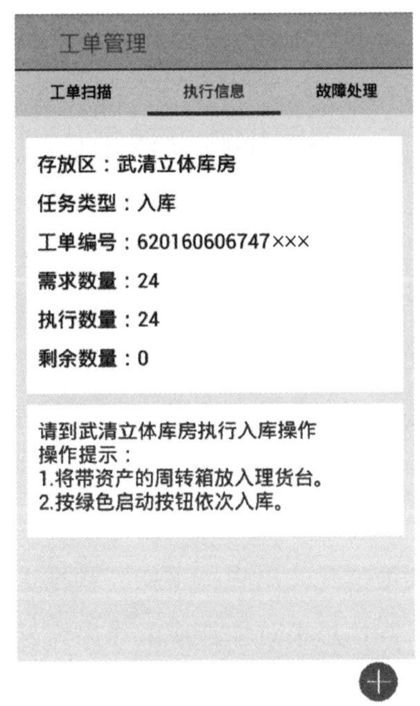

图3-2　工单操作图

第四节 手持作业终端优势明显，有待进一步推广

随着手持作业终端应用的深入与不断完善，其优势愈加明显，主要体现在以下几个方面。

（1）货物的精准配送管理；

（2）货物的快速出/入库；

（3）盘库的速度及准确性；

（4）数据的快速收集、整理和上传；

（5）不受时间地点的限制，信息获取更为及时准确；

（6）消息提醒及时、准确，个性化定制推送；

（7）操作简单易用，人性化操作引导，无须培训即可快速上手；

（8）库房操作所见即所得，操作方便、直观。

库房管理班通过手持终端累计进行装卸车的任务有70笔，未出现一起设备的配送错误事故，百分百保障了设备配送的准确性。以自动化设备为基础，采用无线智能终端进行控制，在解放人力的同时，将出/入库资产

的准确率提高至100%；通过与“天津计量仓储配送管理平台”无缝对接，在库房操作过程中，与平台实时交互，确保库房实际资产与平台数据统一。做到账物一致，同时减轻配送人员工作负担，减少不必要的重复装卸车操作，操作体验明显提升。

随着国网公司营销部“订单式”直配理念的推行，各网省公司均在大力建设自动化、智能化、可视化、现代化的仓储网络，以提高服务响应效率与质量。而作为直配式订单管理的有益尝试，在公司“数字化”转型的大背景下，移动互联操作终端必将拥有广阔的推广应用前景。

（本章撰稿人：国网天津电力电科院　赵　勇　刘　雪　米　彦）

第四章

Chapter 4

基于三维设计技术的班组一体化工程数据平台创新实践

第一节　内外环境推动三维设计技术发展

国网天津市电力公司经济技术研究院设计中心变电室是一个设计技术归口管理班组，除承担天津电网工程35kV～500kV变电站设计、咨询工作外，还承担公司大建设的设计技术支撑和研究工作，是一个技术创新型和人才密集型班组。目前，这个班组面临内外两方面的挑战。

（一）外部环境推动三维设计技术发展

随着经济社会对电网的建设速度及技术水平提出了更高的要求，变电室不断探索应用三维设计技术，实现变电站设计、建设和运维的全寿命周期可视化、数字化、精细化管理。国家电网公司建设部从2016年年底，开始启动三维设计全面推进工作，利用调研、标准和技术导则制定、设计竞赛等多项举措，将三维设计技术逐步全面应用于变电站工程设计和技术管理。

（二）内部问题拉动三维设计技术需求

通过综合分析可以发现，变电室内各专业设计工作均需要等待其他相关专业提资后，才能继续进行下一步设计工作，各专业之间存在联系和制约。

另外，现有工作流程受人为因素影响较大，智能化程度低，具体表现为：

（1）图纸及各种信息以手工输入为主，自动化程度低，导致设计人员的重复工作量很大，也容易造成遗漏。

（2）工程设计中生成大量的数据、文档、图纸等相互之间没有关联性，无法对这些信息进行整合，大量信息分散布置，容易丢失和造成信息孤岛，也造成重复输入，效率低下。

（3）移交给项目单位的设计成果信息分散，平面图纸对工程进度没有指导意义，加大了施工组织管理工作量。

（4）二维设计往往是分散式的、独立式的（见图 4－1 和图 4－2），无法协同设计，造成各专业间接口复杂，工作量加大、影响设计效率。

（5）设备材料量由人工统计，标准不统一，尺度不一致，对工程量的主观影响因素较多。

因此，我们有必要引入三维设计技术，建立基于三维设计技术的班组一体化工程数据平台，实现设计班组工作质量和效率的显著提升。

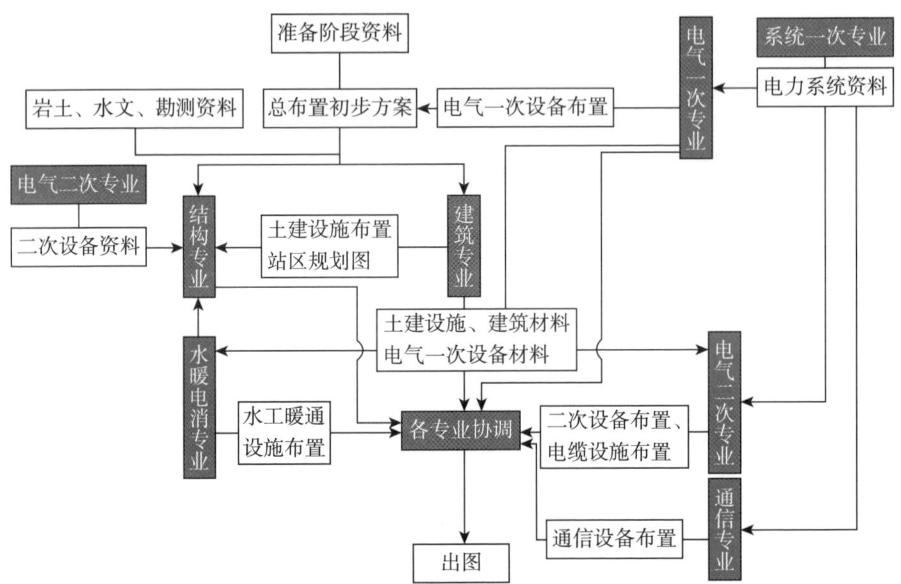

图 4－1　变电室目前应用二维设计的工作流程

图4-2 各专业设计进度

第二节　针对三维设计技术的“软性”与“硬性”研究工作

我们立足于实际工作，寻找突破点，在探寻设计新模式的过程中，变电室逐步开展实施“软性”和“硬性”两个方面工作。

（一）针对三维设计背景资料的“软性”研究工作

（1）针对工程设计、施工安装、运行维护、建设管理等环节开展调研梳理设计单位三维设计开展情况，建设管理、施工、运检单位对三维设计成果现场应用的需求，以及建设管理单位对工程档案数字化移交归档的要求。结合基建管控平台、生产管理系统（PMS）的功能构成、数据构成及应用现状，形成《天津公司建设、运维管理系统应用现状调研报告》。

（2）多次邀请三维设计软件公司专家到变电室进行现场集中授课，委派各专业骨干到软件公司进行实际建模学习，跟随实际工程进行练习，做到活学活用，熟练掌握。

（3）全程参与国网公司《输变电工程三维设计模型交互规范》等6项

规范的编制工作。持续跟进国网工作动态，及时掌握国网输变电工程三维设计工作的发展方向，为顺利建立一体化工程平台打下了良好的基础，并提供了有力的依据。

（二）针对三维设计技术输变电应用的“硬性”研究工作

（1）研究三维数字化设计功能结构框架，研究适用于输变电工程的三维数字化设计技术及其智能辅助设计功能体系和技术规范。主要包括以下内容。

①数字化主接线设计：主要包括短路电流计算、设备选型校验、母线选型计算等。

②碰撞检查：利用碰撞检查工具批量校验各专业间的设计内容。

③三维安全净距校验：按照不同的电压等级，自动寻找三维设备之间的最短带电距离，全面校核设备间各项限定数据，保证设计的安全性，提供最优的解决方案。

④防雷系统设计：使用折线法和滚球法完成避雷针及避雷线的联合保护计算，生成防雷保护范围图和计算书，在三维界面上查看设计成果。

⑤光电缆敷设：通过读取电缆清册的逻辑信息，结合平面设备布置及路径，自动进行电缆优化敷设、精确统计电缆长度。

（2）研究完全应用三维数字化设计技术进行输变电工程全过程协同设计的方法和设计流程。协同设计包含两方面：一方面是专业内协同设计，即同一专业内，以接线和平面为设计依据，根据电压等级或者配电装置场地区域由主设人对设计任务进行分配，各设计人员并行开展相关工作，最终由主设人统一协调管理，形成本专业设计图纸和文件；另一方面是专业间协同设计，即不同专业之间，以接线和平面为设计依据，开展设计工作。

第三节　应用三维设计数据平台探索性地开展变电站三维设计

在五经路110kV变电站施工图设计中，变电室应用三维设计数据平台探索性地开展变电站三维设计，主要在以下几个方面进行探索实践。

（一）建立相关专业族库，提升三维建模效率

按照统一建模标准以1∶1的比例建立电气设备族、土建构件族及水暖电消专业设备族，将建筑物空间信息和设备参数信息有机地整合起来。为以后其他变电站项目的三维建模提供了模型基础与数据支持，提升了三维建模的效率。图4－3所示为电气设备族库三维模型示例，图4－4所示为土建构件族库三维模型示例，图4－5所示为水暖电消族库三维模型示例。

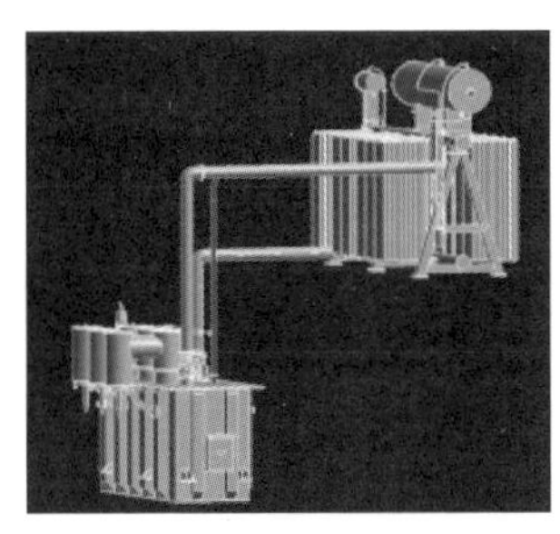

（a）110kV 主变压器

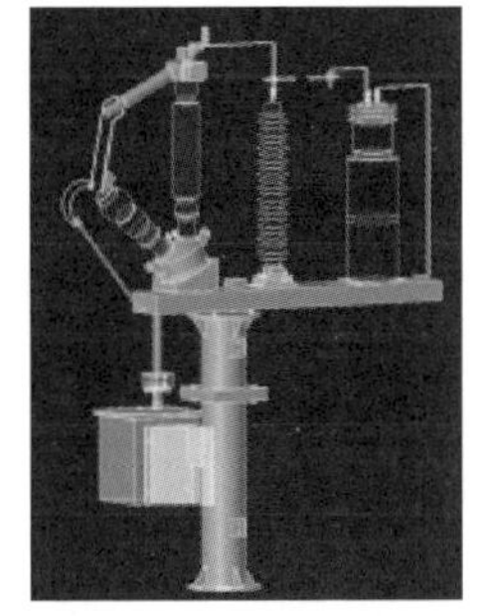

（b）110kV 中性点成套装置

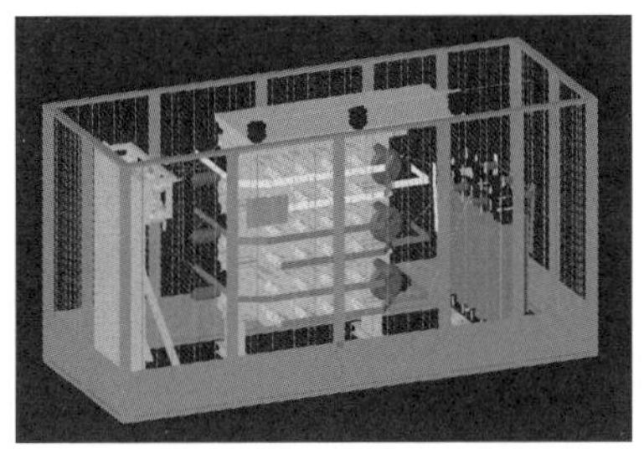

（c）电容器组

图 4－3　电气设备族库三维模型示例

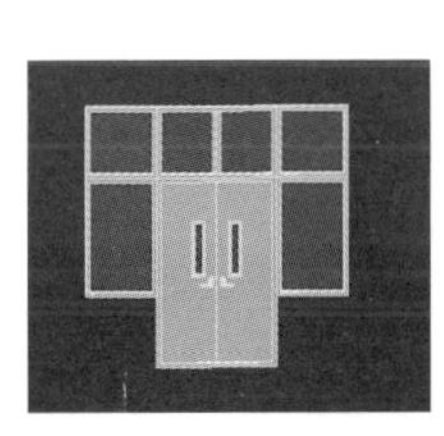

（a）门窗

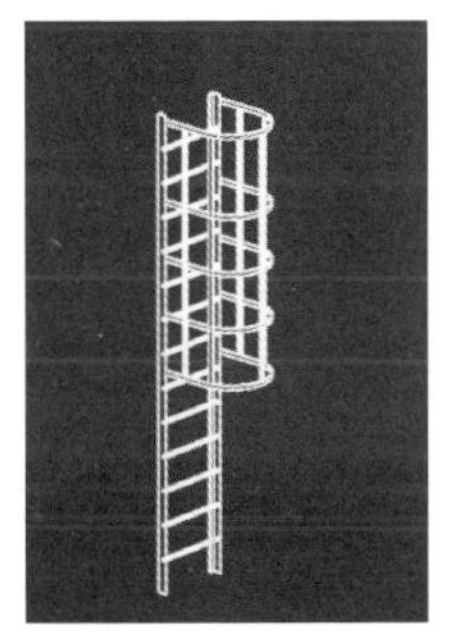

（b）爬梯

图 4－4　土建构件族库三维模型示例

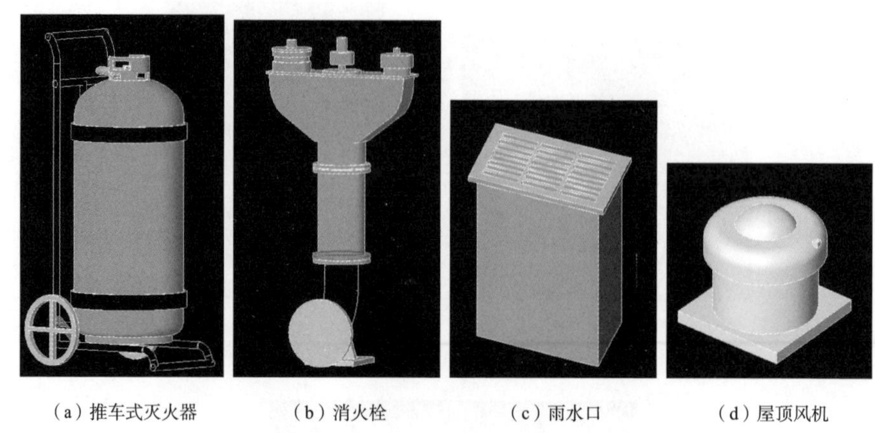

（a）推车式灭火器　（b）消火栓　（c）雨水口　（d）屋顶风机

图4－5　水暖电消族库三维模型示例

（二）开展三维协同设计，缩减传统设计流程

应用三维设计数据平台开展三维协同设计，建立五经路110kV变电站全专业的三维设计模型，如图4－6所示。协同设计过程严格按照三维设计流程开展，各专业相互提资、专业校审均基于三维设计数据平台开展，有效提高了专业之间的沟通效率和质量，避免了传统设计过程中各专业各自为政、专业间缺乏有效沟通而造成的“错、漏、碰、缺”现象，保障了设计成品的质量。

（三）自动实现软、硬碰撞检查，提高工程设计质量

在建立的全专业三维模型的基础上，进行软硬碰撞检查，形成检查分析报告。本项目共检查出各类问题32处，优化各种专业间接口衔接问题9项，节省返工工期15天，减少变更费用45万元。这些问题均在施工图设计过程中发现并修改，有效避免了现场返工现象的发生。问题分类汇总表如表4－1所示。

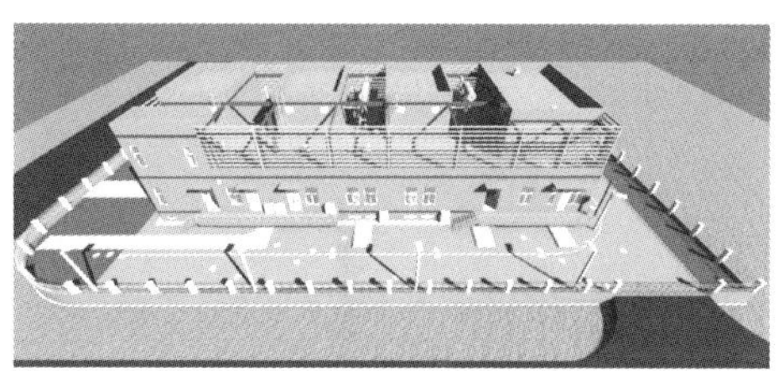

（a）全站三维模型

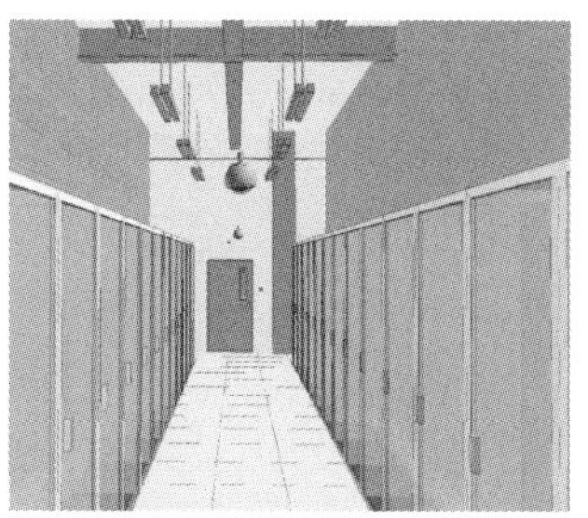

（b）二次设备室模型

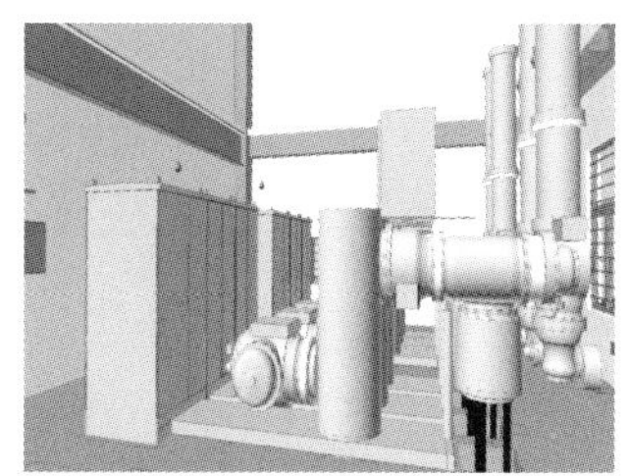

（c）110kV GIS 室模型

图 4－6　五经路 110kV 变电站三维设计模型

表 4－1　检查问题分类汇总表

问题分类	问题描述	问题数量	预计可缩减工期/天	预计可节省变更成本/万元
单专业图纸不一致	10kV 开关室有柱	3	3	12
	门口有无栏杆	1		1
两专业间碰撞	桥架与预留孔洞碰撞	4	1	2
	门与梁碰撞	5	2	5
	消防管道与梁碰撞	4	1	8
	应急灯与梁碰撞	1	0.5	0.5
	给排水管道与电缆沟碰撞	4	2	8
	设备底座和基础碰撞	3	2	3
多专业间碰撞	桥架、风管、结构梁碰撞	2	2	4

续表

问题分类	问题描述	问题数量	预计可缩减工期/天	预计可节省变更成本/万元
优化建议类	排水井盖位置	2	1.5	1.5
	阀门安装位置	1		
图纸缺失类	缺室外大门详图	2	—	—
	缺二次设备室设备详图	1		

以桥架、风管、结构梁碰撞案例为例，详述碰撞检查的过程。电气一次专业、结构专业及暖通专业在建筑专业提资的轴网中分别进行电缆桥架设计、梁柱设计和通风管道设计，各自完成设计后将各专业模型提交至平台，形成全专业的模型。利用平台的碰撞检查功能，系统自动提示桥架、风管、结构梁三者发生碰撞。经过多次专业沟通协调，一次专业及暖通专业分别调整桥架及风管安装高度，一次专业调整桥架安装位置，实现协同设计。图 4 –7 所示为碰撞检查前后的模型对比。

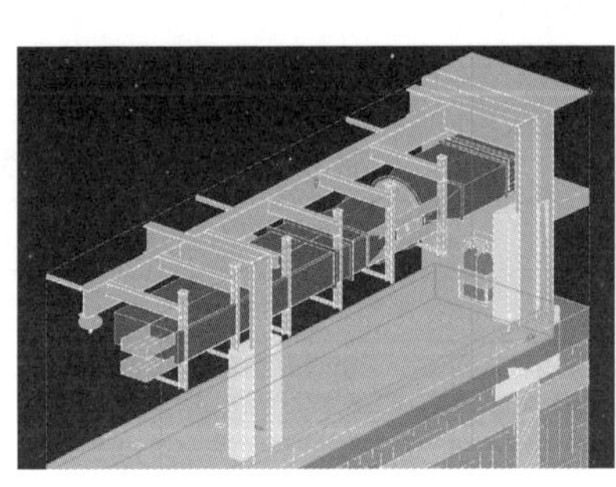

（a）检查前

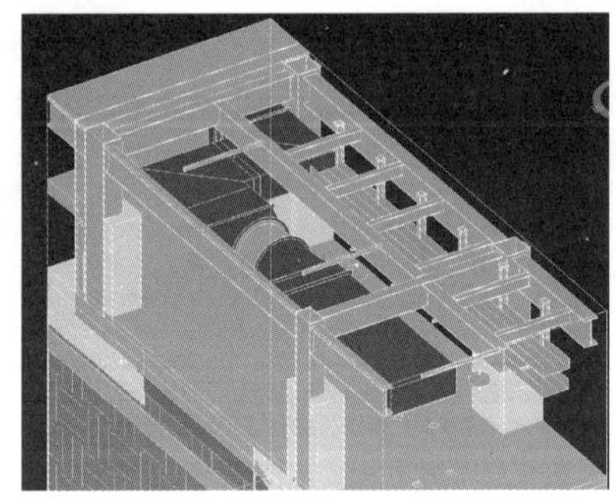

（b）修正后

图 4 –7　碰撞检查前后的模型对比

（四）可视化技术交底，提高现场沟通效率

按照国家电网公司标准工艺要求进行三维建模，三维模型与施工成品一致，实现了可视化技术交底，提高了设计、施工、监理、建设管理等参建各方人员的沟通效率。图 4 –8 所示为细石混凝土散水标准工艺。

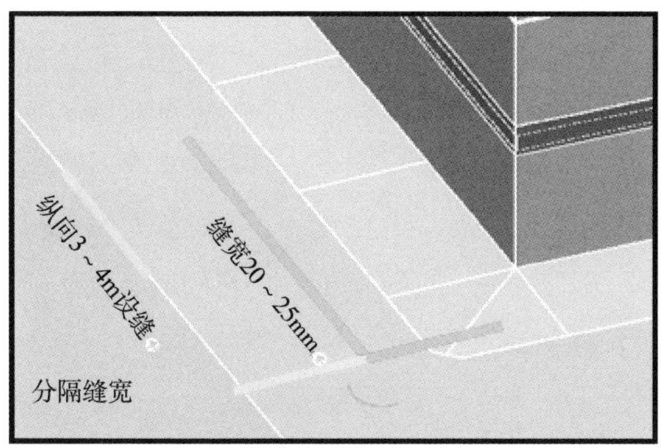

图4－8　细石混凝土散水标准工艺

第四节　案例成果及展望

（一）应用成果达到预期

基于三维设计技术的班组一体化工程数据平台的建立，在变电室中取得了成功的效果。

1. 提高班组工作效率

传统的设计与制图大多是由同一个设计师完成的，其设计过程很少有其他设计师参与完成，使得设计缺少专业间的协同工作，在最终图纸未完成前大部分班组设计人员多是只关注自己专业的设计，对于复杂功能的电气设计各专业会审后会增加很大的修改工作量。

班组应用基于三维设计技术的一体化工程数据平台之后，设计人员都在统一平台下工作，抛弃了传统二维设计各自为战的局面，各专业人员可以在同一个工程下进行各自权限的操作，大大减少了校核、提资、会审的时间，提高了专业间协同设计的效率。

一个变电站工程初步设计的专业提资要经过校核、打印图纸等流程，需要数天时间，现在仅需要各专业在统一的平台下同步操作即可完成，节约了大量时间。设计图纸出图过程也变得更加便捷，设计、校核可以在一体化工程数据平台下同步完成，节约了出图会审的时间，提交数字版成品的效率较传统的二维设计打图、晒图也提升了一倍左右。

2. 提高设计成品质量

设计中心变电室班组通过应用一体化工程数据平台，大幅提高了设计成品质量。基于三维设计技术的班组一体化工程数据平台极大地丰富了设计人员的设计工具，可以从碰撞检查、安全净距校验、防雷接地计算、光电缆自动布线等多方面全面提升设计质量。

应用一体化工程数据平台可以减少或避免后续返工。平台的应用可以提升图纸的易读性，将设计师的设计意图准确传递给施工方。设计阶段和施工阶段的数据信息都能在模型中体现，通过三维技术进行现场交底，错误会被迅速地发现并处理，减少后续返工。这能够很好地处理施工与设计之间的关系，使整个建设团队团结起来，进而设计并建造出完美的变电站工程。

3. 节约工程建设成本

变电室班组人员通过基于三维设计技术的班组一体化工程数据平台可以更加精益化地对变电站工程成本进行统计，节约工程成本。

以往工程的材料表都需要设计人员一项项计列，既耗时耗力，又容易出现遗漏或重复计列情况，造成施工过程中出现设计变更。而一体化工程数据平台的解决方案以项目数据库为唯一的数据源，所有图纸上的设计信息都和数据库中的设计数据实时同步，完全能够保证设计数据的准确性和唯一性。可以完成精准的材料统计；可以按照整个项目范围、不同电压等级配电装置区域或某个间隔等为范围来进行相应的材料统计，可以输出为不同的格式，完全能够满足设计精度及深度的要求。

4. 提高班组支撑工作能力

一体化工程数据平台提高了班组支撑公司“大建设”工作的能力，班组转变为以数据库为核心，以三维信息模型为设计数据载体的新的工作模式，能够满足不同的业主对于数字化移交的要求。所有的设计数据均按照逻辑关联关系保存在项目数据库中，设计图纸与数据库数据间具有关联信息，在进行数字化移交时，图纸、信息模型和项目数据库保持关联关系，可以方便地导入运维系统里进行后期的数据再利用，为公司运维单位带来增值效益。

5. 增强各参建方沟通效率

通过一体化工程数据平台，班组可以将设计成品进行三维化展示和数字化移交，实现可视化技术交底，保证三维设计模型与施工成品的一致性，做到变电站工程设计的“所见即所得”。同时，业主、建设、运维单位的意见和要求可以便捷快速地反映到三维设计成品上，为各参建方提供有效的沟通渠道，提升了沟通的效率，保障了沟通的成果，促进工程建设的顺利开展。

通过班组创新实践的开展，基于三维设计技术的班组一体化工程数据平台取得了巨大的应用效果。

（二）应用前景不可估量

在变电站全寿命周期管理中，基于三维设计技术的一体化工程数据平台具有极大的应用前景，未来的发展方向可以整合包括工程立项、设计、施工、数字化移交、后期运维等变电站工程的全寿命周期数据信息，不但可以建立变电站数字化模型，提供三维设计成品；还可以为施工进度管理、项目建设管理、运维管理提供三维信息搭载平台。变电站工程的不同参与方可以在一体化工程数据平台中进行数据信息的交互，在共同的变电站三维模型中实现信息共享。通过建立数字化的模型和工作流程，使变电工程各个阶段变得可视化、可模拟。为工程的概预算提供数据支持，提高了效率和精度；为业主进行成本控制和后期运营维护提供有价值的参考意见。进一步提升设计质量和效率，降低全寿命周期成本，提高全寿命周期精细化管理水平。

（本章撰稿人：国网天津电力经研院　王　楠　李　娟　郭晋芳　牛博彦）

第五章

Chapter 5

健康服务管理模式在班组建设中的应用

第一节　健康的概念成为由上至下的战略性要求

（一）“健康中国”上升为国家战略

如今健康服务供给总体不足与需求不断增长之间的矛盾逐渐突出，健康领域发展与经济社会发展的协调性有待增强，亟须从国家战略层面统筹解决关系健康的重大和长远问题。为提高人民的健康水平，党中央、国务院积极推进健康医疗服务的发展方式由传统的疾病治疗全面向健康促进转变。2016 年 10 月，《“健康中国 2030”规划纲要》要求把健康融入所有政策中，将全民健康的重要性提升到前所未有的高度。2017 年 2 月，国务院办公厅印发《中国防治慢性病中长期规划（2017—2025 年）》，根据慢性病防治工作的重点环节，提出“统筹社会资源，创新驱动健康服务业发展”。2017 年 7 月，国务院办公厅正式印发实施《国民营养计划（2017—2030 年）》，着力满足国民健康需求提升获得感，促进形成“大营养、大健康、大融合、大发展”的格局。建设“健康中国”的时代号角已经吹响，“健康中国”上升为国家战略，大健康产业成为经济发展的新引擎。

（二）人本管理成为企业内外需要

职工健康服务中心准确把握新形势下企业深化“人本管理”的内外需求，认真落实公司各项决策部署，以“规范化管理、人性化服务、市场化运营”为目标，加强“三个建设”，以扎实的服务和保障支撑“五个后勤”，以贴心的人本关怀助力公司人本管理。通过先进班组建设，将健康服务全面融入企业管理、融入日常工作、融入员工生活，完善职工服务体系建设，体现公司对每一位员工的关注与爱护，更加显著地体现公司“发展、关爱、服务”理念，提升人力资本价值。

（三）健康服务体系有待继续深化

以“服务为本、重检帮治”为原则，职工满意提升为目标，天津公司已经完成健康服务体系建设，形成多样化的健康体检形式、深化职工关爱的健康咨询方式、推动身心一体化的健康管理内容以及便捷的职工疾病治疗帮助渠道。职工健康管理在班组管理中的应用，是健康服务体系内涵的进一步深化，通过全方位、全周期保障班组职工健康，能够满足职工基本医疗与健康管理差异化、多样化的综合需求。

第二节　构建多功能的健康服务模型

基于天津公司“以人为本”的服务理念，构建“一种专业支撑、四个服务机制、三方互利共赢”的服务模型（见图5-1），促进职工健康工作的有效开展。

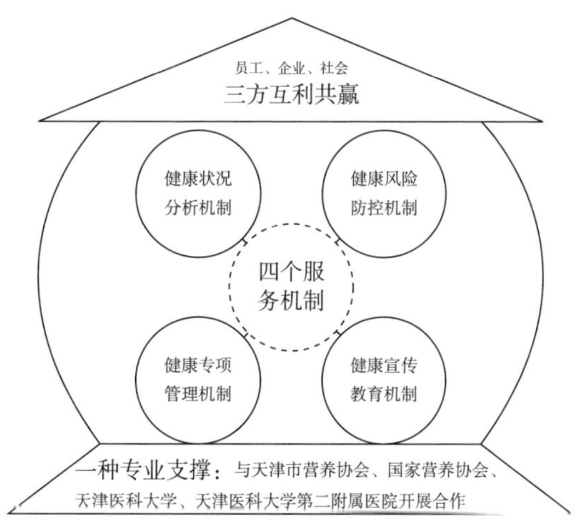

图5-1　构建多功能的健康服务模型

（一）“一种专业支撑”，实现资源互通共享

坚持集约高效、共享共赢，提高社会优质资源统筹能力，研究建立跨单位跨地区资源协同机制，发挥资源最大效益，为健康班组建设提供外部资源保障。天津公司积极推进与外部医疗机构的合作，在与社会专业机构合作方面，与天津市营养协会合作，积极开展职工职业健康管理工作和职业健康评估，研究跨单位跨地区资源协同机制，开展健康促进行业交流，通过人员互访、论坛交流、培训教育、项目咨询、合作研究等方式为班组职工提供健康方面的指导；在与专业医院机构合作方面，建立与天津医科大学、天津医科大学第二附属医院的常态联络机制，协同公司内部资源普及班组职工健康知识，拓展社会医疗资源提供职工健康帮助，从而保障职工的身心健康水平持续提升。

（二）“四个服务机制”，共推工作有效进行

1. 建立健康状况分析机制，识别职工潜在疾病

开展先进班组职工健康状况监测，密切关注职工健康动态。职工健康服务中心应用大数据技术为检修公司10个“国网先锋号”先进班组提供《健康监测报告》，就甲状腺结节、高尿酸血症及幽门螺旋杆菌阳性等10种重要健康指标三年监测情况进行分析（见表5－1）。为有效监测班组职工糖尿病潜在风险，2016年运检专业先进班组职工空腹血糖指标异常人数较多，2017年健康服务中心在职工体检中增设糖耐量试验项目（见表5－2）。

表5－1　变电××班职工健康监测表

序号	监测项目	2015年发病率/%	2016年发病率/%	2017年发病率/%	趋势
1	颈椎退行性变	0	42.86	35.71	下降
2	超重	28.57	50	42.86	下降
3	高脂血症	21.43	21.43	14.29	下降

续表

序号	监测项目	2015 年 发病率/%	2016 年 发病率/%	2017 年 发病率/%	趋势
4	甲状腺结节	7. 14	28. 57	42. 86	上升
5	高血压	14. 29	7. 14	0	下降
6	脂肪肝	28. 57	21. 43	14. 29	下降
7	肝功能异常	0	0	0	不变
8	空腹血糖升高	0	7. 14	0	下降
9	高尿酸血症	7. 14	14. 29	21. 43	上升
10	幽门螺旋杆菌阳性	14. 29	25. 71	28. 57	上升

表 5 – 2　变电 × ×班职工糖耐量试验状况

姓名	年龄	性别	胰岛素	胰岛素 120	葡萄糖	葡萄糖 120
1	× ×	女	26. 71	303. 35	5. 1	6. 3
2	× ×	女	43. 72	420. 21	4. 7	6. 7
3	× ×	男	39. 73	165. 28	6	6. 4
4	× ×	女	28. 88	255. 39	5. 5	8. 4
5	× ×	男	26. 75	151. 57	5. 2	6
6	× ×	男	34. 6	384. 4	4. 9	7. 9

注：本表中糖耐量试验检查 6 人，其中 2 人糖耐量异常。

形成班组《职工健康状况分析报告》，有针对性地开展职工健康指导。三年来，职工健康服务中心为班组提供职工健康体检 124 人次，应用大数据技术，系统梳理、统计、分析、评估职工整体健康状况，形成公司 2016 年度运维检修专业先进班组《职工健康状况分析报告》。报告以 81 名 40 岁以上职工的高发疾病为重点分析对象（见表 5 – 3），发现其中 6 种疾病（脂肪肝、幽门螺旋杆菌阳性、高尿酸血症、颈椎退行性变、空腹血糖升高、甲状腺结节）均与长期户外作业、高脂肪、高热量饮食、运动量少、吸烟、饮酒等不合理的生活方式相关，从而提出翔实可靠的数据支撑与专业建议，促进班组职工健康服务工作水平的有效提升。

表 5－3 运检专业同年龄高发疾病占比

疾病种类	总体	先进班组	40 岁以上职工	先进班组 40 岁以上职工	40 岁以下职工	先进班组 40 岁以下职工
超重	43.99%	35.48%	59.70%	39.51%	34.96%	27.91%
脂肪肝	26.86%	↑ 28.23%	46.52%	46.91%	18.91%	6.98%
高尿酸血症	13.99%	↑ 19.35%	17.50%	↑ 20.99%	14.00%	↑ 16.28%
高血压	29.75%	26.61%	38.33%	38.27%	12.18%	4.65%
高脂血症	43.66%	26.61%	62.43%	34.57%	28.20%	11.63%
颈椎退行性变	39.37%	↑ 40.32%	61.00%	53.09%	11.47%	↑ 16.28%
空腹血糖升高	9.16%	5.65%	21.05%	13.58%	1.41%	↑ 9.3%
幽门螺旋杆菌阳性	20.2%	↑ 26.61%	35.24%	28.4%	25.40%	23.26%
甲状腺结节	45.20%	↑ 38.71%	43.59%	37.04%	44.22%	41.86%
肝功能异常	14.54%	12.1%	16.78%	7.41%	14.04%	↑ 20.93%

2. 建立健康风险防控机制，实施班组“一对一”服务

丰富健康宣教渠道，为班组员工提供多样化的咨询服务，实现员工身体和心理宣传教育的有机融合。职工健康服务中心积极拓展网上平台、微信平台、热线咨询功能，为班组职工提供方便的咨询服务。建立丰富的专家库，及时开展专家库的维护与更新，聘请医科大学总医院、第二附属医院健康专家深入检修公司一线班组，就班组职工的“糖尿病早期筛查”结果和健康体检中出现的健康问题，开展健康风险防控讲座，为参检班组职工进行一对一咨询指导和体检报告解读。

3. 建立健康专项管理机制，落实健康关爱计划

深化落实公司职工健康关爱计划的工作要求，推动职工健康服务中心职工创新能力与创新成果双提升。职工健康服务中心建立与天津市医科大学总医院内分泌代谢科的合作联系，开展班组职工“糖尿病早期筛查及风险评估健康促进”项目创新工作。一是利用问卷调查与健康体检两种方式在班组职工中开展糖尿病早期筛查项目，结合大数据分析技术，筛查糖尿病早期人群，为糖尿病早期风险评估做前期准备。二是采取有效措施，通过健康促进、预防、干预、教育等手段，给予职工全方位指导，树立职工健康的生活习惯、合理的饮食及运动方式，提高职工对糖尿病早期风险的防范意识，预防糖尿病诱因的发生。三是计算 3 年后的逆转率及糖尿病的发病率，达到减少糖尿病的发病率，最大限度地避免糖尿病发生的目的。

4. 建立健康宣传教育机制，建设慢病防控体系

以健康服务为导向，开展对班组职工的健康促进、预防、干预、教育等工作，帮助职工树立良好生活习惯，减少疾病的危害，提高生活质量。依托天津市健康管理协会，逐步构建以各单位为实施主体、职工健康服务中心专业支持、职工广泛参与的慢性病综合防控工作机制，探索适合于班组职工的慢性病防控策略、措施和长效管理模式。全面开展以健康理念培育、健康知识普及、健康教育传播和专业人才培养为主要内容的全员健康教育行动。重点针对“高血压防治”“代谢病防治”“颈椎病防治”“睡眠质量改善”健康项目开展专项宣教。编写防治知识 63 条，通过网上健康服务平台和微信服务平台推送。编印《颈椎病防治手册》《代谢病防治手册》《健康评估模型应用》《高血压防治手册》向职工发放。

（三）“三方互利共赢”，共建良好工作局面

职工健康服务体系从“员工、企业、社会”三方利益出发，以外部专业资源为支撑，建立四种健康服务机制。基于公司健康管理主要成果及重点工作，围绕内部健康服务体系优化、职工个体身心健康监测、评估、干预、管理等开展建设，实现职工身心健康，促进员工、企业、社会三方共赢。

第三节　三方面落地实施健康服务模式

（一）反馈班组健康问卷，解读健康分析报告

职工健康服务中心联合天津市医科大学总医院制定电力公司班组职工健康情况调查问卷，旨在对班组职工一般情况、家族史、个人史、生活习惯等糖尿病危险因素的调查。根据收集的健康数据对班组职工的健康状况进行分析，并邀请专家进行一对一的解读，通过报告的分析使班组职工对自身的健康状况有了更深的了解，有针对性地及时就医。

（二）开展营养膳食指导，创新特色管理模式

以健康食堂建设与健康饮食干预为突破口，深入研究后勤服务与班组职工健康的内在联系，在后勤服务中体现健康关怀，用健康管理提升服务品质，逐渐形成“服务保障健康，健康提升服务”的一体化管理模式。一是与天津市营养协会合作，编印《健康食堂营养配餐手册》、优化形成规范、共享、互信的移动健康管理流程，动态编制分季节的四季养生饮食建议，使职工建立科学健康的季节性饮食习惯。二是开展班组食堂就餐人员健康状况

分析，动态建立职工健康状况饮食档案，并依托天津市营养协会，组建健康饮食专家团队，有针对性地对班组职工进行专业指导。三是严格落实《健康食堂标准》，开展标准执行情况检查，细化各岗位职责和工作标准，提高执行的可操作性和可考评性，杜绝工作随意性，保障过程在控，质量在控。

（三）确立互联网络模式，融合健康服务管理

深度融合“互联网+”大数据技术和EAP服务模式，对班组职工进行健康指导。一是完善健康服务信息系统，推进全面感知、深度融合、动态互联、智能协同的智慧健康信息平台建设，形成具备“大数据技术+互联网+健康管理”线上融合特色的健康班组建设模式，发展智慧健康服务，拓展“津电心服务”微信平台应用（见图5-2），力争具备条件的服务项目全部上线运行，实现与班组职工“点对点”的互动和服务，实现由普适性服务向差异化和个性化服务转变。二是促进EAP的深度融合，以班组为单位进行团队性的EAP心理辅导，逐步将心理管理的理念和方法技术应用到日常的员工管理工作中，改善企业的组织氛围与管理效能。

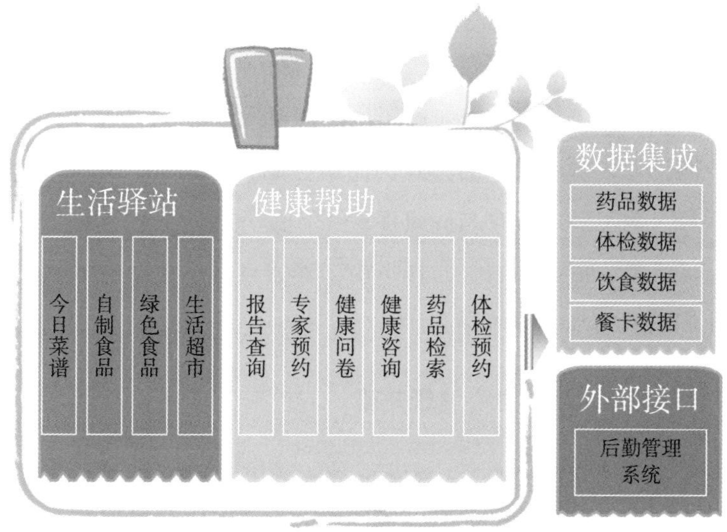

图5-2 “津电心服务”平台功能模块

第四节　案例成果及前景

（一）建立职工健康生活工作方式

职工健康分析结果显示，十大疾病中高脂血症、脂肪肝、高血压发病率均居于前列，除遗传基因外，超重、肥胖是主要诱因。因此，引导运维检修专业职工建立健康的生活方式，严格控制自身体重，是预防疾病发生的主要手段。职工健康教育与健康促进工作的开展，有助于倡导职工合理膳食、适量运动、戒烟限酒、心理平衡，养成良好的生活方式，促进运维检修专业职工健康水平整体提升。

（二）确保班组职工身心健康并重

精神因素可引起内分泌系统紊乱、免疫功能紊乱、重要脏器机能调节紊乱，是高血压、肥胖等疾病的致病因子，可直接或间接地引发生理健康损害。天津市电力公司职工因精神因素引起的疾病发病率显著低于天津市平均水平，专家组分析认为，近两年公司系统实施 EAP，有效地提升了职工心理健康水平，降低了相关疾病的发病率，建议继续组织专业人员对职工心理健康进行诊断与分析，帮助职工解决心理和行为问题。通过树立正确的信念，缓解工作与生活压力，改善班组气氛和管理方式，促进职工心理健康水平提升。

（三）帮助职工进行健康干预管理

健康管理是健康体检的延伸与扩展，通过体检及时发现疾病或高危致病因素，结合健康评估，给出健康建议，帮助运维检修专业职工及时进行系统性治疗和生活方式干预，降低重大病患发病率，提高职工生活质量，同时开展女性专题健康管理，达到自我监测、自我保健的目的。

（四）落地实施人本建设管理理念

在公司工会指导下，职工健康服务中心在一线生产班组中试点开展了“健康进班组”活动，对班组职工开展健康数据分析评估、健康素养监测、健康咨询与宣教，将职工健康纳入班组建设内容。通过积极开展人本关爱理念在班组建设中的应用探索和实践，建立了以班组职工一体化健康服务需求为驱动，以健康体检、健康管理、健康帮助、健康宣教为主要工作内容，贯穿班组职工健康促进工作全过程的核心业务流程。在班组职工中推行健康管理，是彰显和建设以精、细为代表的企业文化特色，实现可持续发展，服务电力客户、服务发电企业、服务经济社会发展的重要举措。

（本章撰稿人：茂源公司　刘　旭　刘继明　王天阔）

第六章

Chapter 6

城市能源互联网“成果、案例、讲师、课件”四位一体模式建设

第一节　内外环境变化下的培训模式变革

（一）城市能源互联网建设促进企业内部培训资源整合

随着时代发展，城市能源互联网建设已成为现阶段重点任务，国网天津电力公司顺应时代发展大势，提出“三个转型”重点任务目标，促进智能电网、特高压技术的不断发展应用，电力企业工作的专业性要求越来越高，企业员工培训需求很难获取外部社会资源的补充，只能够依靠企业内部培训资源进行适应。同时，随着城市能源互联网的持续建设与运行维护工作，使得电力企业已经积累了丰富的培训资源，如何充分挖掘现有资源潜力，对内部培训资源进行有效整合利用是现阶段公司教育培训工作的关注重点。

（二）专业化人才成长需求推动传统企业培训模式改变

理清现状找不足，目前存在的主要问题有：城市能源互联网建设人才短缺；优质成果案例搁置，知识经验无法有效传递；企业内部培训资源利用率低，培训效果不明显；原有教育培训方式单一落后，无法满足新时期专业化人才培养需求。国网天津市电力公司走在城市能源互联网建设行业的前端，传统的企业教育培训模式无法有效解决新时期城市能源互联网专业化人才需求问题，无法满足专业化人才成长的知识需求。

针对以上问题，特构建以城市能源互联网为主题的成果、案例、讲师、课件四位一体教育培训模式（见图6－1），以形成城市能源互联网知识库为重点，着眼于公司城市能源互联网建设工作的重点难点问题，以“成果、案例、讲师、课件”为主线将专家人才培养、管理实践创新、知识经验共享、培训资源整合集成相融合，将成为公司创新教育培训模式和人才培养方式、实现内部培训资源整合利用的有效举措。

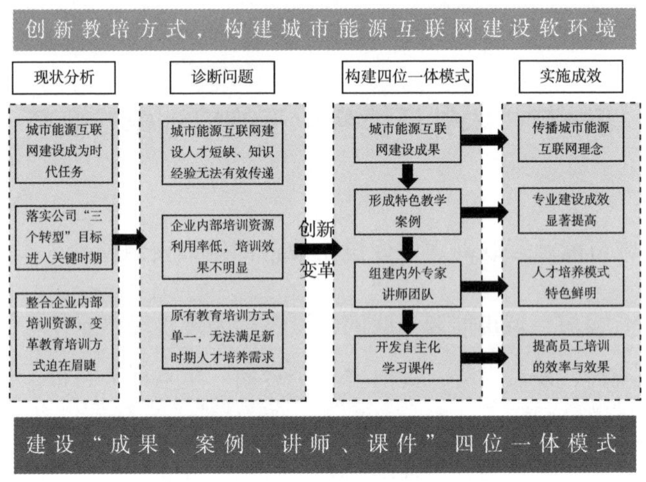

图6－1　四位一体教育培训模式

第二节　构建四位一体教育培训模式

以公司合作平台为基础，组建柔性师资团队，在充分调研天津各单位在城市能源互联网建设方面优秀实践的基础上，制定城市能源互联网成果提炼、案例开发、自主课件编制等工作，全面搭建“讲师、成果、案例、课件”四位一体模式。

（一）组建柔性师资团队

1. 整合“四位一体”模式合作平台及资源

以国网高培中心、天津大学、华北电力大学三大合作平台为基础，结合公司内部数字化校园、企业大学、网络大学、津电成长平台，汇聚内外部专家人才资源，整合“四位一体”模式合作平台及资源（见图6－2），开展城市能源互联网成果提炼、案例开发、课件编制等工作。

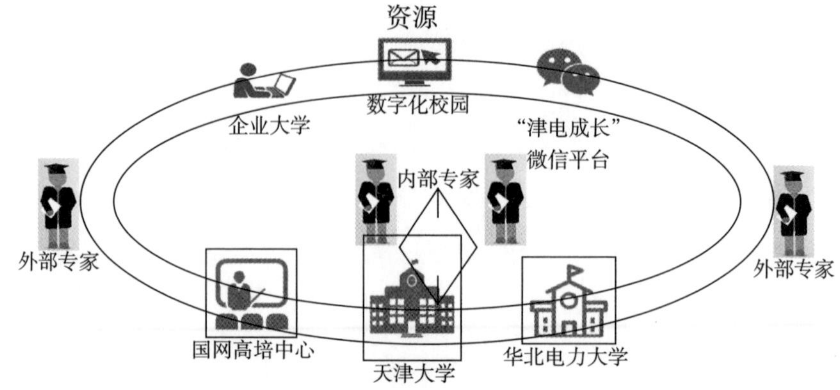

图 6 – 2　整合"四位一体"模式合作平台及资源

2. 确立柔性师资团队运作机制

柔性教师团队组建及选择是项目开展的先决条件，是项目得以顺利完成的基本保障。柔性教师团队组建将遵循如下工作原则与机制：一是建立讲师科学合理选派机制。依托内训师（专家）工作站，重点在已有专家库内选派在该领域取得丰硕成果的师资团队。二是建立专职培训讲师考核机制。专职培训师采取不同的任职资格，将培训师自身素质、培训效果、科研能力、实践管理经验与其职级挂钩，探索尝试学员选课模式。三是组建"双师型"（培训师和技师）师资团队。通过合作充分发挥综合优势，培养并组建具备丰富现场实践经验和丰富教学培训经验的"双师型"师资团队。

3. 明确师资团队目标

柔性师资团队组建完成后，需要对团队明确成果开发任务。

师资团队任务一：确立城市能源互联网成果构成。最终开发出的课程成果包括"八件套"，含讲师手册、学员手册、讲授 PPT、课程大纲、课程开发任务书、辅助工具包、学员测试题、物品清单。

师资团队任务二：开发城市能源互联网实践性案例。针对当前教学模式现状，在城市能源互联网调研成果的基础上，积极探索创新教学方式，开发结合情境研究分析、实践性强的案例式教学。

师资团队任务三：开发城市能源互联网自主性课件。在城市能源互联网成果的基础上，运用图文、视频、动画等形式革新教学资源，开发课时短趣味性高、自主性强的课件教学。

（二）形成城市能源互联网建设成果

1. 试点单位调研

以城市能源互联网品牌推广与宣传展示为目的，以“车联网”的电动汽车服务、城市能源互联网主体展厅及电能替代、光伏发电、煤改电等新能源新型业务为依托，充分调研及整理基层单位在城市能源互联网建设方面已经取得的优秀实践项目，整理形成以城市能源互联网为中心的教学案例。结合国网天津市电力公司培训中心以往技能类培训课程的内容，逐级细化相应级别人员的学习内容，逐一确定人员培训对应的案例，最终形成以城市能源互联网为中心的教学案例，完成调研报告。

2. 调研报告分析

调研分析由课件及视频资料技术开发者从学习者分析、教学内容分析、教学目标分析、教学策略分析、课件结构设计等方面，在教师团队的帮助和指导下，基于优秀案例开展调研工作和撰写调研报告。延伸国家电网公司网络大学考核机制，采取在线学习、在线考试、学习成效测评、再学习闭环管理业务流程。在调研分析的基础上，最终形成教学设计方案，开发具备城市能源互联网特色的网络课件及视频资料。

3. 成果提炼及共享

基于国网公司已积累的师资团队建设经验，优秀实践案例及调研报告，网络课件、视频资料等，建立一套完整的建设经验及成果共享模式，使信息在公司内部得到有效传播，经验得到快速分享，成果得到高效复制。在“互联网＋”时代，此共享模式主要以移动互联网为载体，将国网公司成熟的师资团队建设模式、优秀案例及调研报告，以及网络课件、视频资料等，打包整合并建立成果数据库，上传至网络大学端，并保持信息实时更新。

（三）开发案例式教学模式

1. 案例式教学概述

案例式教学以培养员工从实践管理角度思考问题的能力、分析和评价情境问题的能力、做出相应决策和贯彻实施决策行动计划能力为目的，助力员工适应公司变革环境，支撑城市能源互联网建设。在城市能源互联网调研及成果提炼的基础上，以适用性、统一性、标准化为原则，开发案例式教学。

2. 城市能源互联网案例式教学开发流程

在城市能源互联网成果的基础上，确定案例模块和形式，进行城市能源互联网素材收集，开展城市能源互联网素材初选、城市能源互联网素材“三要素”精选，然后开始城市能源互联网案例撰写、城市能源互联网案例修订、城市能源互联网项目评审。具体流程如图 6 –3 所示。

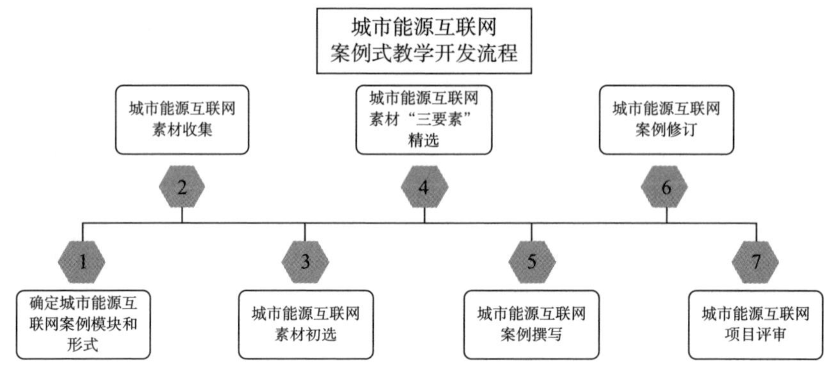

图 6 –3　城市能源互联网案例式教学开发流程

（四）制定课件开发方案

1. 自主课件式教学概述

在城市能源互联网实践成果的基础上，基于网络大学和手机移动端，深化 E – Learning 课件开发云的服务理念、Web 课件开发工具，建立“互联网 +”教育培训运营模式，因地制宜地制定适应电力公司员工较为分散等特点的课件开发方案。

2. 城市能源互联网自主化学习课件开发流程

基于城市能源互联网成果的自主化学习课件（微课）开发包括遴选开发、模块确定、课件形式、开展教学设计、按照标准封装、进行微课、制作编制微课脚本等环节，分为图文微课、视频微课、动画微课、互动微课四种形式。开发流程如图6－4所示。

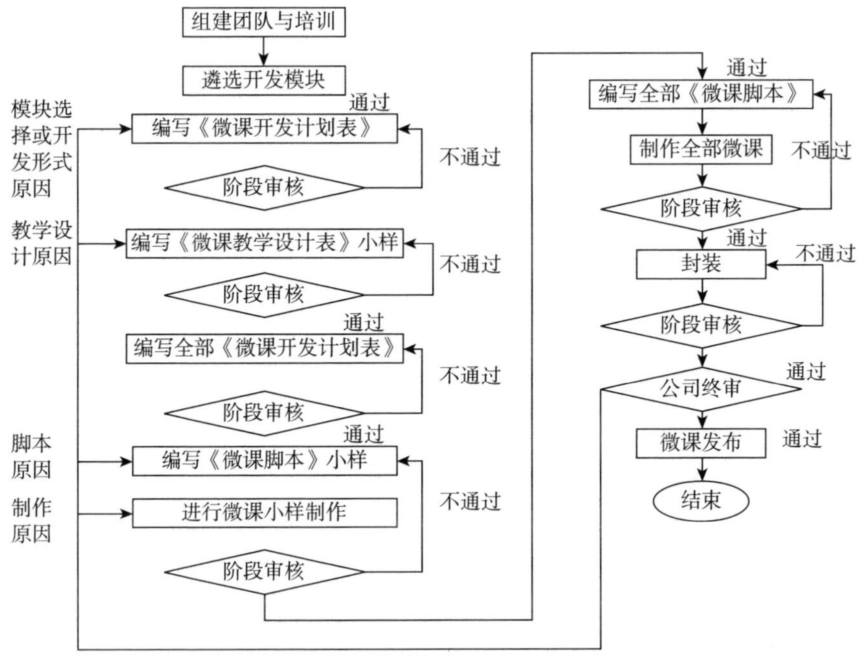

图6－4　城市能源互联网自主化学习课件开发流程

第三节　自主学习课件的开发与应用

（一）自主学习课件概述

培训中心的典型自主学习课件为《配电自动化＋远传型故障指示器的检测及定位处理》《配电自动化＋配电终端设备调度命名、编号变更与维护》《配电自动化＋电力系统分析及常用软件仿真简介》。员工自主性选择课程，快速高效增强专业技能，支撑城市能源互联网建设。

（二）自主学习课件应用场景

培训中心在开展微课试点实践过程中，主要分为翻转课堂学习、课内差异化学习和课外辅导答疑三种。

1. 自主课件翻转课堂学习应用模式

翻转课堂学习应用模式的重要特点是，员工学习微课发生在讲授或组织问题探究前，即“先学后教”，员工可以通过此微课在讲师讲解前快速学习到知识点。《配电自动化 + 电力系统分析及常用软件仿真简介》采取该形式。

2. 自主课件差异化学习应用模式

在课堂学习过程中，部分员工无法顺利完成课堂任务，这部分员工可以通过学习讲师事先准备好的微课，及时回顾相关知识或概念。《配电自动化 + 远传型故障指示器的检测及定位处理》采取该形式。

3. 自主课件课外辅导答疑应用模式

在课后练习中，员工会遇到实践问题无法解决的情况，针对这些问题，讲师应根据以往的学习经验，将其解题分析录制成微课，以供学习有困难的员工自主学习。《配电自动化 + 配电终端设备调度命名、编号变更与维护》采取该形式。

（三）自主学习课件应用成效

在培训中心组织开展的微课学习过程中，“微课”可以在办公室或其他场所进行，员工学习的场所灵活性较高，实现了随时随地参与培训的目标。

员工学习参与性增强。员工上“课”的时间控制在 10 分钟左右，员工不仅作为听课成员，同时还可以参与评论及互动，也可以作为微课制作过程中的一员，参与性大大增强。

员工学习反馈及时、客观、针对性增强。由于在较短的时间内集中开展“无生上课”活动，反馈即时性增强，微课式学习有助于员工快速掌握核心要点，适应城市能源互联网背景下的公司变革环境。

第四节　新型培训体系初显成效

（一）新型培训体系初步建立

1. 形成新型教学资源管理模式

通过“成果、案例、讲师、课件”四位一体模式的构建，形成国网天津市电力公司新型教学资源管理模式。通过四位一体模式运行使城市能源互联网建设与员工队伍素质能力提升有机结合，促进讲师、专业人才等内部培训资源的有效整合利用，促进专家人才培养工作、管理实践创新与专家成长发展的有机融合，四位一体模式的构建实现了对新型教学资源管理模式的初步探索与尝试。

培训中心已经完成案例开发工作 21 项，覆盖专用能力种类下培训模块的 67.7%（专用能力培训模块共 31 项）。其中，管理案例 14 项，岗位问答 3 项，事故分析报告 1 项，操作手册和使用指导书 3 项；跨模块开发案例 12 项，跨岗位小类开发案例 1 项。

2. 变革传统教学模式，创新教学工具方法

“四位一体”模式改变了传统的教学模式，全面创新了教学方式、手段和评价方式等一系列教学工具方法，引发学习方式从“以教为主”的学习模式向“以学为主”的学习模式转变，从“以培训促进工作能力提升”模式向“实际工作任务与培训协同发展”模式转变，高效融合系统性学习与碎片式学习途径，实现了教学资源的数字化、海量化、多媒体化，增强了员工学习的交互性、直观性、自主性和知识高效吸收性。

3. 畅通成果信息交流，实现资源云端共享

培训中心构建的“成果、案例、讲师、课件”四位一体模式主要以移动互联网为载体，将优秀的城市能源互联网建设成果、优秀案例及新型教学课件、视频资料等运用到实际工作中。根据开发技术标准要求，培训中心已经初步完成了调控运行和配电运检岗位小类的课件开发工作。共计开发课件 206 个，其中动画 48 个，互动 80 个，图文 67 个，视频 11 个。基于该成果、案例、讲师、课件资源的共享模式，使城市能源互联网建设信息在公司内部得到有效传播，经验得到快速分享，成果得到高效复制，实现资源的数字化管理和云端共享。

（二）能源互联理念广泛传播

1. 传播城市能源互联网理念

城市能源互联网是国网天津电力在“十三五”期间的重点工作，并做出了全球能源互联网在津落地实践“三个示范”的各项具体部署。通过构建“四位一体”模式，对试点项目的优秀案例进行采集、制作、宣传，将城市能源互联网和全球能源互联网的理念、实践进行广泛传播，充分发挥城市能源互联网建设先进典型的示范、带动和辐射作用。

2. 实现公司内外优质资源整合

在知识经济时代，企业的资源整合能力将决定企业发展的前途和命运，培训中心通过借助国网高培中心、天津大学、华北电力大学的合作平台，结合数字化校园、企业大学、网络大学、“津电成长”内部平台，有效地扩大公司优质教育资源利用率，为“四位一体”模式提供智力支撑、资源支撑和平台支撑，实现公司内外优质资源的整合，起到降本增效的作用。

3. 建立城市能源互联网知识库

完成体现城市能源互联网工作特色的教学案例开发，制作适用于网络大学和手机移动端的课件及视频资料，将实践中的案例收集、萃取，并在平台推广，使企业的优秀经验能够保存和传承，实现公司城市能源互联网建设先进知识的汇总和共享，形成具有示范意义的城市能源互联网知识库，解决公司城市能源互联网相关知识短缺、知识积累难题，为城市能源互联网进一步建设提供借鉴依据，为创新培训模式提供实践依据。

（三）人才培养模式特色鲜明

1. 推进城市能源互联网专业性人才培养

通过清晰城市能源互联网专业性人才建设思路，赋予高精尖城市能源互联网建设专业性人才“讲师＋学员”双重身份，发挥核心人才“传、帮、带”精神，革新重在内容和实践的开放性和专业性的教学方式，构建具有示范意义的共享型专业教学资源库，运用新型学习方式，推进城市能源互联网专业性人才培养。

2. 形成重培育更重应用的人才培养模式

“成果、案例、讲师、课件”四位一体模式的构建更注重员工实际工作与培训内容的衔接，依托城市能源互联网建设优秀成果开发案例和授课课件，切实提高员工教育培训内容的实践性、开放性和专业性，形成一批城市能源互联网建设精品课程，培养一批城市能源互联网建设专业讲师，打造一批城市能源互联网建设核心人才，形成重培育更重应用的人才培养模式，更直接有效地建设城市能源互联网软环境，推动角色转型，支撑公司战略发展。

（本章撰稿人：国网天津电力培训中心　滕开雯　徐　轩）

第七章

Chapter 7

“全能型”数字化班组4.0

第一节 传统班组运行模式存在三大问题

多年以来，电力公司始终将卓越执行、规范高效的“细胞群”运行模式作为班组的发展目标，这一方面确实为探索“生命体”班组模式奠定了高效执行的基础，但另一方面也存在很多和现在企业发展模式不适应的地方，比如，班组间存在业务壁垒，数据整合和共享不足，缺乏自主性，智能化作业水平较低等，以上问题可以总结归纳为三个方面。

（一）组织上缺乏横向沟通

传统班组采用的大多是垂直式的金字塔管理，班组之间的协调沟通严重不足，经常出现“班组 a—部门 A—部门 B—班组 b”的冗余沟通模式，班组之间无法形成高效的协作途径，导致企业内耗成本激增。

（二）流程上缺乏灵活变通

在流程处理上，传统班组存在缺乏灵活变通的情况，某一环节的延误往往会导致整个流程的脱节，这种串行的组织模式虽然体现了传统班组业务处理的严谨性，但却严重影响了组织的执行效率，导致管理混乱。

（三）数据上缺乏整合互通

目前，地市级供电公司一线班组日常工作所涉及的系统平台有十几个，但真正实现数据互通的少之又少，大量数据存在误差，这不仅影响了日常工作的准确性，同时也是电力大数据资源的一种严重浪费。

总而言之，在缺乏“三通”的情况下，传统班组与时代和社会发展的不适应性越来越明显，班组模式的创新变革已迫在眉睫。

第二节 四方面构建班组4.0实践探索

本案例以配电运维班为试点，搭建柔性组织，尝试开展班组4.0项目创新实践工作，有针对性地从末端融合、同级协作、自主管理和智能作业四个方面进行实践探索。

（一）网格优化推进班组末端融合

1. 指标逐级细分助力班组自我测量

在班组创新实践过程中，城西公司将专业指标细化到班组级别，从供电可靠性、服务满意度和效能效益三个维度对指标进行分层细化并进行集中展示，班组可以直观地掌握日常工作中涉及的指标、指标当前状态及历史趋势变化情况，为班组管理工作的自我测量和改进提供了依据。

2. 基础数据融合构建班组决策体系

在指标细化的基础上，班组4.0项目对营、配、调三个方面的基础资料进行深度整理，从线路、台区及用户三个层级形成一体化的数据模式。

进一步推进了营配基础数据对应工作，建立低压用户挂接方式图，通过系统可以清晰查看台区接户线资产明细及每一个用户挂接的相位，打通台区基础数据管理的最后一公里，实现配网全网的可视化管理。

3. 客户精准画像明确班组服务标准

在数据综合分析的基础上，班组 4.0 项目开展了用户画像的探索实践工作，在系统平台界面中输入某一户的户号，就可以查看该用户的价值、风险和用电行为等特征，进一步明确用户的差异化需求和个性化特征，让班组在后续的运检或服务工作中更加有意识地确保用户满意度的提升。

（二）扁平管理强化班组同级协作

1. 数据比对治理提升业务协同质量

在班组 4.0 项目实践过程中，借助微应用平台，系统自动开展营配数据一致性和准确性校验，优先将公变、公线等营配不一致问题发送至营销班组处理，将专线、专变问题发送至运检班组处理，通过反馈修正自动完善系统数据，减少技术人员对流程流转的干预环节，实现班组间数据的协同治理，提升数据一致性和及时性。

2. 流程环节驱动提升业务流转效率

本案例对异动业务流程进行了优化改进。将异动业务流程在系统中进行固化，对流程流转环节及过程指标进行可视化在线监控，提升流程流转效率和质量。以某条业扩报装增容业务为例，借助平台可以直观地看到该条任务的当前环节、对应岗位及处理时限要求，在整个流程处理过程中，班组间实现了业务的扁平化管理，提升了业务协同能力，同时流程驱动式在线管控也提升了整体的流转效率和质量。

（三）辅助决策提升班组自主管理

1. 多维辅助评估确保管理计划精益性

在此次创新实践过程中，借助于平台对线路的设备健康水平、运行工况、用户情况等信息进行分析，对线路状态进行整体评估，将线路分为重要和一般两个等级，按照用户差异化服务需求将线路分为保电线路、供热线路、泵站线路、重要用户线路等。再根据电网需求分类，分为重/过载线路以及负荷转移通道等。根据以上信息，对不同类型的线路制订不同的巡视周期，最终形成班组理论巡视周期。

2. 隐患显性提醒加强周期计划针对性

针对试点区域范围内架空线路较多的特点，对鸟害、树害、雷害等隐患多发区域进行分类梳理，结合 GIS 平台，实现了隐患的可视化，为班组季节性的防护工作划定重点。

3. 故障案例参考提升运维计划智能性

班组 4.0 项目充分利用大数据技术，对故障案例进行整理和分析，以中压故障为例，将重复故障、故障类型、原因进行统计，对单条故障的故障信息、故障设备台账信息、负载率情况以及影响用户情况进行多维度分析。结合故障类型、故障位置、故障设备频次、不正常方式等信息，最后综合提出三种不同的建议，包括加入检修计划任务池，开展特殊巡视以及技改大修意见。通过这三个方面的意见，给班组制订工作计划提供更加智能的决策参考。

（四）互连互通实现班组智能作业

1. 信息共享提供可视化安全措施

在检修作业中，平台将班组计划中线路停电检修计划派发至作业终端，现场作业人员根据标准化作业流程开展停电、验电等工作，将拉开开关、封挂接地线等现场安全措施发回至系统。同时，应用技术手段对临时接地线的封挂位置和挂接状态进行回传，当其他班组再次进行作业时，可以通过手持移动终端随时查看已有的安全措施，确保安全作业。

2. 过程记录主导标准化绩效考核

在抢修作业中，抢修人员可实时查阅设备台账信息、故障研判信息，同时，到达现场、现场勘查等关键流程环节将在 GIS 上实时进行反馈；抢修人员可以使用移动终端开展现场录音、补写电卡和用户满意度评价等工作，解决抢修人员在携带工具的同时需要携带满意度回访单、录音笔等诸多物品的问题。通过抢修移动终端的应用，一方面提高了抢修工作的整体质量和效率，另一方面也全面客观地记录了完整的抢修过程，为班组绩效考核提供全面可靠的评价依据。

3. 远程评价确保精准化现场管理

除了内网平台外，班组 4.0 项目也积极探索公共平台的应用，在微信平台开通了安全管控相关公众号，作业人员将现场情况进行拍照回传，班组长或者安全员可以通过公网微信平台查看现场作业组织情况，工器具的检查情况以及安全措施布置情况，并且对其进行打分评价，依托远程评价确保现场作业安全的精准化管理。

第三节 系统平台和手持移动终端配合应用实现班组模式创新实践

本案例在实践过程中，主要依托系统平台和手持移动终端配合应用，实现了班组模式的创新实践。

（一）平台主界面

配网班组微应用管理平台（见图7－1）共分为左右两屏，分别对应两个网址，左屏为功能主界面，右屏为GIS地图，采取左右屏互相调用控制的方式实现功能。平台主界面分为指标及规模、配网诊断、数据管理、计划管控、运维决策五大功能模块，其中计划管控又分为班组计划和作业管控两个子模块，运维决策又分为差异化运维、检修任务池、故障后分析三个子模块。

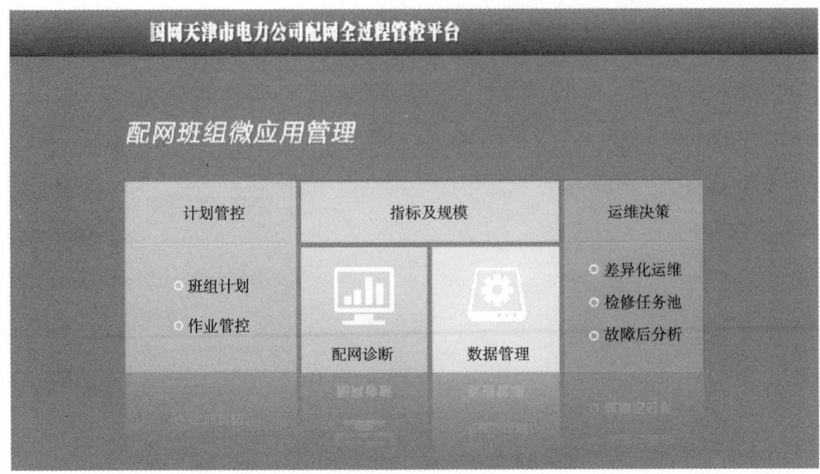

图 7－1　配网班组微应用管理界面

（二）指标及规模界面

指标及规模模块从供电可靠性、服务满意度、效益效能和规模分析等维度全方位展示了班组层级的规模、指标及其历史数据。班组可以查看日常工作中涉及指标的当前状态及历史趋势变化情况，为班组管理工作的自我测量和改进提供了依据，而且也为总结班组工作和设定未来方向目标提供了重要参考。

（三）表前线信息界面

在配变分析中通过点击左屏的某一台配电变压器，将其位置及对应的居民用户的表前线信息在右屏的 GIS 图中显示出来，实现配网到用户的可视化管理。

（四）客户画像界面

在客户画像页面，班组人员可输入用户编号查看与该户对应的各类基本信息，充分体现了营配贯通。客户画像的接入更能明确用户的差异化需求和个性化特征，让班组在客户服务工作中更有针对性。

（五）异动工作流程图界面

异动工作流程图的接入实现了工作过程的可视化管理，同时将相关工作的完成情况与及时性作为绩效考核项目融入流程图中，使“五位一体”机制在系统中也有了一定体现，实现班组的扁平化管理。

（六）差异化运维界面

在差异化运维中统计了线路、配变、缺陷等信息，对线路的设备台账、健康状况以及用户等信息进行分析，同时结合客户服务需求以及电网需求等信息，系统可提供差异化巡视方案，为班组人员制订巡视计划提供参考，也使运行人员对重点巡视内容有了更直观的了解。

（七）鸟害、树害、雷害分布图界面

针对辖区内架空线路较多的特点，对鸟害、树害、雷害等隐患进行梳理，在右屏的GIS平台进行展示，实现了隐患的可视化，为班组季节性的防护工作明确了方向，使班组可以提前对隐患开展预防工作。

（八）故障分析界面

系统里按照发生时间、重复故障、故障类型、故障原因等方面进行分析，形成故障信息明细，并智能地提出合理化建议，包括加入检修计划任务池，开展特殊巡视以及向上级部门提出技改大修意见，班组人员可根据系统的建议进行决策，为后续的工作打下良好的基础。

（九）检修任务池界面

检修任务池（见图7－2）中将不同任务按类型进行分类，并可生成月计划和周计划，班组人员可对计划进行新增、修改、删除、关联等操作，

进而上报调度，班组人员随时查看计划的审批情况，为安排班组的工作计划提供支撑。

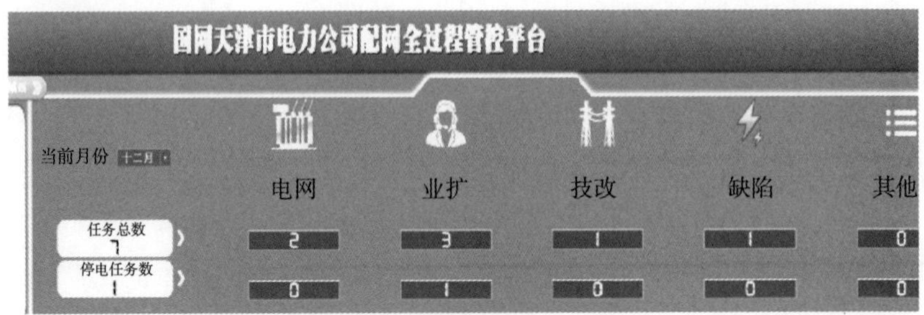

图 7－2　检修任务池界面

（十）班组计划界面

班组人员可在系统中根据检修计划、差异化运维中的巡视周期及其他日常工作编制班组计划，并用柱状图和饼状图等形式统计工作类型、检修计划、工作人员三个方面的信息，以便进行查看分析和总结考核。

（十一）检修作业地线挂接界面

在检修作业中，通过系统可看到线路名称、工单编号、工单状态、工作时间等基本信息，还可看到地线挂接位置、挂接时间等信息，为后续开展安全作业分析、总结工作经验提供依据。

（十二）抢修作业轨迹绘制界面

在抢修作业中，同样可在系统中看到线路名称、工单编号、工单状态、工作时间等基本信息，还可对抢修轨迹进行监控，让班组成员直接看到抢修进行的过程和路线，为抢修分析、绩效考核等提供强有力依据，为今后更安全、更有效率地开展抢修工作打下坚实基础。

第四节 三方面体现传统班组模式优化改进

班组4.0项目在实施过程中，在诸多方面对传统班组模式进行了优化改进，具体包括三个方面，即班组管理、业务执行、思想凝聚。

（一）组织架构显著优化

在班组管理方面，传统班组多采用金字塔式的垂直管理模式，虽然确保了组织架构的稳固，但组织灵活性严重缺失。班组4.0项目借助互联网技术搭建的数字化互联班组矩阵，通过“云平台+微终端”的组织架构，实现了由金字塔管理模式向蜂群式管理模式的转变，组织架构显著优化。

（二）流程效率显著提升

在业务执行方面，传统班组主要是采用串行的业务处理模式，环节严谨性有余但灵活性不足，对于电力这样的大型企业而言，环节数量较多导致的流程交叉混乱现象难以避免，严重影响工作效率。班组4.0项目通过更改业务处理模式，将串行的业务改为并行处理，显著提升了流程处理效率。

（三）文化建设显著增强

在思想凝聚方面，传统班组只重视组织管理和业务执行，对于班组文化建设发力较少，导致班组人员的工作积极性不强，目标不明确。班组4.0项目通过整合共享大数据资源，对指标进行细化分工，使大家形成统一的管理和执行目标。指标的拆封可以形象地比喻成DNA与基因的分解，平台的作用就是将每个班组的指标进行细分，提取“公共基因”最终整合成共同的“DNA”，为班组相关业务构建共同目标，形成思想合力。

“全能型”数字化班组4.0模式在不改变现有组织架构的前提下，利用大云物移等新技术，对班组管理和日常作业进行了全新的探索实践，为班组模式发展变革探索了新的方向。

（本章撰稿人：国网天津电力城西公司　范　涛　王海峰　范　博）

第八章

Chapter 8

依托物联网技术的二次运维智能管理创新实践

第一节 新时期二次设备运维重要性提升

二次设备是保证电力系统安全的重要环节，其设备数量之繁多、种类之庞杂、逻辑之严密、信息之海量、对保障系统安全之重要都充分表明二次设备专业的管理是一个复杂而庞大的系统工程。随着电网规模的迅速扩大和各项技术的飞速发展，国家电网公司对二次设备专业管理工作的要求也越来越高，明确提出“规程系统化、设备标准化、管理规范化、分析精益化”的四化原则，为了满足管理的需要，必须不断加强对规划、设计、设备选型、施工调试、运行维护、人员管理等全过程的管理。

为全面落实国家电网公司“五位一体”的建设要求，国网天津城南公司基于卓越运营的管理理念，结合继电保护运维检修工作，应用物联网技术构建“一个平台、两项机制、三化融合”二次设备运维智能管理模式，全面覆盖继电保护设备运维的全过程。借助二次设备运维智能管理平台实现继电保护设备运维各管理要素协同运转；建立“横向班组协同、纵向管理贯通”的双向联动机制与分层级综合评价机制，调动人员主观能动性，进一步提升管理执行力；以标准化手段规范运维全过程，以网络化手段整合运维资料，以智能化手段促进运维精益化，实现全过程管控和全寿命周期管理，形成流程、职责、标准、制度和绩效高度协同的闭环管理，促进“五位一体”协同机制末端融合应用。

第二节　建立二次运维设备系统，规范专业管理工作流程

（一）建立变电站二次设备运维智能管理系统

通过深入研究电子标签在保护设备资产管理、资产全寿命周期管理和资产运维管理等方面的应用，并对电子标签和保护设备在实际中的具体应用进行深入调研后，开发了一套变电站二次设备运维智能管理系统，并应用于城南公司李家圈、青年宫双林变电站现场。通过对二次设备安装电子标签，建立标签与设备的一一对应关系，以插件为最小管理单元，实现电子标签在保护设备制造、安装、运维直至报废等全寿命周期中的应用，记录二次设备在各个周期中的信息，实现设备全寿命周期内信息可查询追溯。

具体方案如下：

（1）在每台二次设备装置上安装一个电子标签，标签中存储装置的身份识别代码。

（2）应用移动终端进行标签内容读写，实现根据身份识别代码查询设备基础信息、智能巡检记录等。

(3) 移动终端与全寿命周期管理系统通过 USB 串口实现离线数据传输和同步，或通过无线网络实现在线数据传输和同步。

(4) 全寿命周期管理系统与统计分析系统、状态检修系统实现对接。

(二) 建立二次设备专业管理工作流程

基于物联网技术的二次设备运维管理系统以流程梳理、优化为基础，将二次运维核心业务展现为流程，将相关制度、标准拆分为条款匹配至流程，将流程环节的执行者定义为角色，角色适当组合形成岗位，从流程中提取绩效指标、识别风险点、制定控制措施，最终落实到岗位，形成岗位职责，以考核促进责任落实。形成了以流程、职责、标准、制度和绩效高度协同的闭环管理，促进“五位一体”协同机制末端融合应用。具体工作流程如图 8 –1 所示。

(三) 流程与职责、制度、标准、考核的融合

1. 前期准备阶段

系统中对不同人员的岗位职责有明确说明和提示，并将岗位相关制度和标准融合到每个工作流程中，运维人员可利用移动终端随时查看。生产组根据设备维护计划派发任务工单，二次设备运维人员通过移动终端接收工单后，即可查询相关设备的全部信息资料（图纸、说明书、定值单、历史校验报告、故障处理报告等），明确工作重点难点，确保准备工作有的放矢。根据工作类型和设备型号，生成作业流程、作业指导书、二次安全措施票及危险点分析，并发送至审核人员。

专工和班长分别在移动终端上审核作业指导书及安全措施票，通过不同角色技术人员的两级把关保证现场工作的安全。

2. 运行维护阶段

二次设备运维人员通过移动终端扫描设备电子标签明确工作地点，避免走错间隔。工作开始后，依照标准化作业流程逐项进行，即时录入数

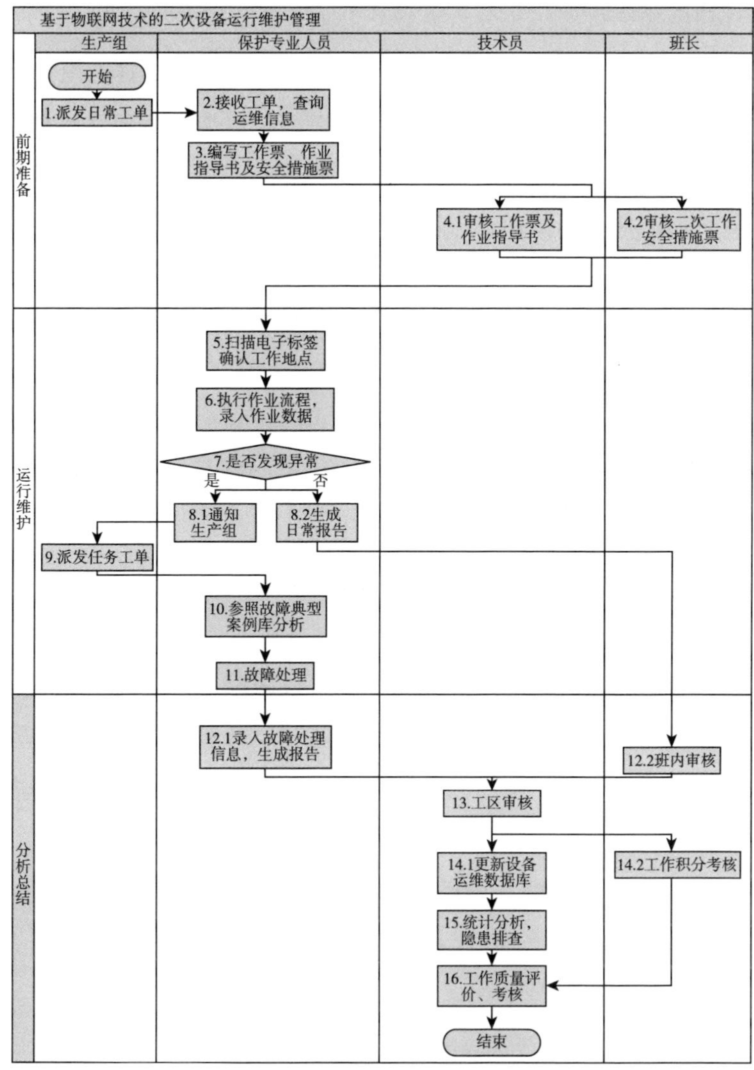

图 8－1　二次设备运维管理工作流程

据，严禁跳项漏项，实现工作流程标准化。还可实现缺陷及事件录入，并实时上传至系统。

3. 分析总结阶段

日常工作报告由班长和专工审核，故障处理报告由专工审核；审核通过后，平台自动更新运维数据库，供二次设备运维人员参考。平台根据工作类型自动生成个人工作积分，由班长汇总至专家组考核。

专家组利用平台对运维数据进行纵向挖掘，横向比对，识别共性问题。通过对历史数据智能分析排查故障隐患，并根据设备现状制订针对性的工作计划；定期召开典型缺陷分析会，明确缺陷性质、处缺要求；同时建立专家组评估打分的闭环管理机制，作为班组对标考核依据。

（四）全过程管理关键节点说明

基于物联网技术的二次设备运维管理系统“三全”管理理念，以“互联网+”技术为基础，构建“一个平台、双向机制、两化融合”的二次设备运维管理模式，深化“五位一体”协同机制在继电保护运检班组末端融合，实现继电保护专业管理水平质的提升。

（1）“一个平台”。即二次设备运维的全部核心业务承载于同一管控平台，即基于物联网技术的二次设备运维管理系统，如图 8 –2 所示。

借助互联网技术，建立标准化运维、事故缺陷应急抢修、隐患排查等业务管理新模式，结合移动终端、电子标签和设备管理数据库的应用，打通专业管理流程接口，消除纵向专业化和横向协作的阻力点，推进各管理体系与业务深度融合。

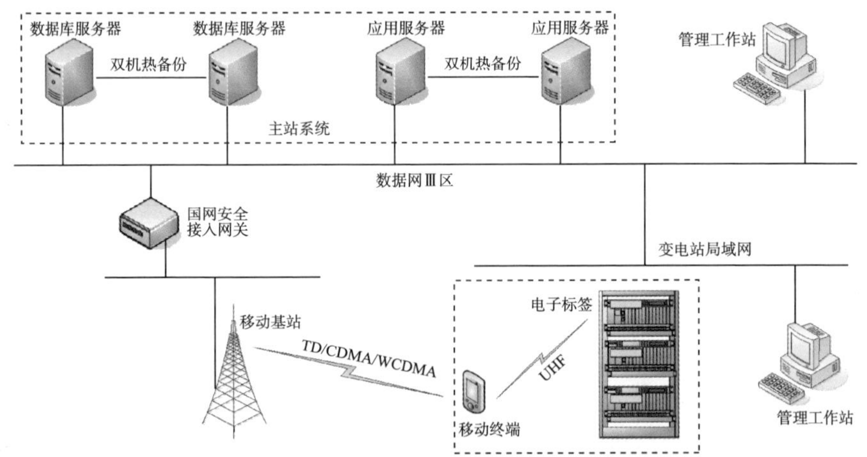

图 8 –2　二次设备运维管理平台架构

平台由主站系统、电子标签和移动终端三部分组成，具备运检管理、技术资料管理等核心业务功能，主要用于二次设备的台账、图档资料及运维信息管理；巡检、检验、验收工作的全过程管控及故障缺陷抢修管理（见图8－3）。

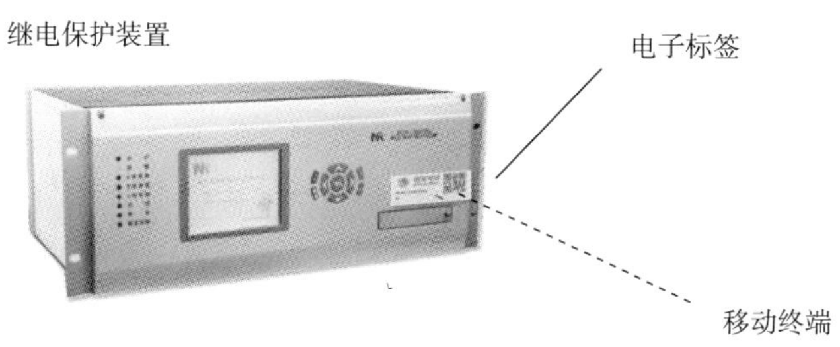

图8－3　二次设备运维管理平台设备

（2）“两项机制”。即双向联动机制和分层级综合评价机制。创新专业管理流程、优化资源配置，建立横向协同，纵向贯通，横纵联合的双向联动机制；分析业务关键环节，落实各层级岗位职责，明确各环节评估标准，依托“互联网＋”技术制定综合评价指标体系，建立分层级综合评价机制。

一是建立分层级综合评价机制。建立分层级评价模型，客观衡量和评估员工履职适岗能力素质，落实专工（专家组）、生产组、班组岗位职责，辨识业务关键环节，完善过程类流程绩效指标，建立运维工作质量评价和工作积分评价双项机制。明确各节点评估标准和时限，量化指标考核，实施季度考核、季度兑现，促进流程、职责、考核等不同管理体系相互依托、持续改进，保证结果考核与过程管控深度融合。

二是建立“横向班组协同，纵向管理贯通”的双向联动机制。借助管控平台的综合应用，横向协同班组间业务，打破班组管辖界限，实现班组间业务的精准链接；纵向贯通二次设备运维管理层级，专业内工作和责任自上而下的分解与落实，专业内作业信息和问题自下而上的反馈与支撑，实现制度、标准与流程的融合。将岗位职责通过机制运转贯彻到执行层面，将执行问题通过机制运转反馈到各管理层级，实现纵向贯通、横向衔接、立体覆盖，深化“五位一体”末端融合。

第三节　工作管控与单兵装备结合构成班组变革实践

（一）在线化、闭环化工作管控

1. 工作任务在线管理

实现工作任务单编制、派发、回填、评价、归档实时全流程闭环管理，并可将派工单与作业指导书、危险点分析票、安全措施票、备品备件管理紧密结合，提升安全管理水平和事故抢修能力（见图8－4）。

图8－4　通过移动端开展工作

2. 工作人员实时定位

利用移动终端 GPS 定位功能实现工作人员实时定位，提高人员管控和指挥水平。

3. 智能防误

工作前利用移动终端扫描电子标签确认工作地点和工作对象，防止走错间隔，降低“三误”事故概率（见图 8－5）。

图 8－5 扫描设备标签

4. 标准化操作顺序实时可控

实现作业指导书电子化，工作中必须按照作业指导书完成规定操作并录入信息后才能进行下一步工作（见图 8－6）。

图 8－6 基于电子作业指导书开展工作

5. 工作过程全程回溯记录

工作结束后，可回溯查看工序步骤及结果数据，便于工作质量评价和事故查找分析。

（二）智能化、多功能单兵装备

移动终端整合红外热成像仪、环境温湿度计、数字化继电保护试验仪等常用工具，集成图档资料查询、SCD 文件可视化、录波文件分析、智能压板比对等功能应用，提高现场智能感知和作业能力，提升单兵装备专业化水平（见图 8－7）。

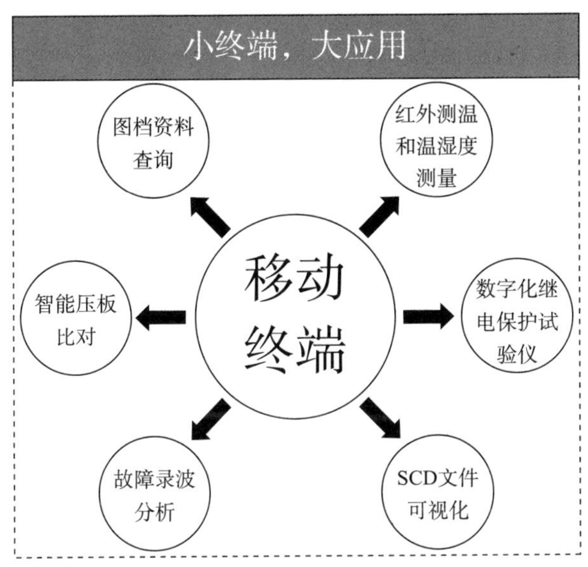

图 8－7　智能终端应用

（1）红外测温和温湿度测量需求。移动终端整合红外点温枪和温湿度计，实现数据自动录入，简化保护巡检工作。

（2）图档资料查询需求。建立图纸、说明书、定值单等资料网络化电子资料库，实现与设备的关联，工作人员手持移动终端即可随时随地查阅相关资料，为工作人员提供方便。

（3）数字化继电保护试验仪。导入 SCD 文件后模拟被测 IED 设备的外部特征，实现离线虚拟环境与变电站真实环境相一致，同时利用自动化测试技术实现“一键式”测试，提高测试的标准化和自动化水平。

（4）SCD 文件可视化需求。将变电站 SCD 文件导入移动终端的 SCD 可视化工具中，经解析后以网格视图或者列表视图的方式展示全站设备的配置文件，同时解析出装置点表，并以直观的虚端子方式展示装置之间的虚回路信息。

（5）故障录波分析需求。在移动终端上打开故障录波文件（. cfg/. dat/. hdr），并根据需要选择显示一次值或二次值，采用时标线对同一个时刻的有效值进行比对，显示触发时标线等，提高故障分析和处置效率。

（6）智能压板比对需求。变电站投运后可采集屏柜压板的状态信息作为基准状态。在专业巡检或检修后恢复安全措施，通过移动终端采集（拍照的方式）屏柜压板状态与基准状态进行比对，可输出比对结果，支持将校核结果按照列表的方式展示（见图 8 –8）。

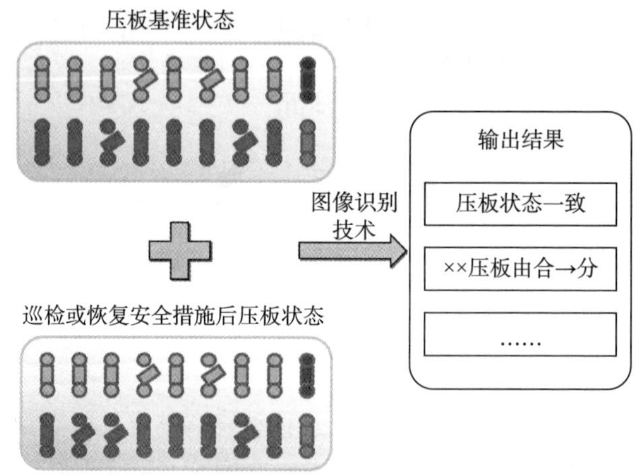

图 8 –8　智能压板比对

第四节　项目方案应用成效

自 2014 年起，网络化继电保护智能运维大数据管理平台已逐步在城南电网 110kV 李家圈变电站、35kV 青年宫及双林变电站试点应用。试点实施成效获得了市调专业上级的认可，并在国网公司专家进行的“五位一体”标准作业程序 APP 督导调研中获得高度评价。该项目已被列为“五位一体”试点项目推广应用。

（一）经济效益显著提升

通过物联网和电子标签技术对二次设备建立资产台账，为企业投资决策、资产合理调配提供了准确的参考数据，有效地提高了资产利用率，减少无谓的设备投资和闲置浪费。由系统实现对运维工作的有效监管，减轻变电站资产日常管理的压力，提供标准规范的运维管理流程和方式，减轻了运维人员的劳动强度，节约了劳动成本，提供了工作效率。每年产生经济效益 2200 万元。

（二）管理水平日趋精益

实现全网二次设备唯一性标识，实现继电保护设备从制造、调试验收、运行维护、技改大修直至报废的全过程管理，提高设备管理标准化水平。与继电保护设备生产信息进行关联，实现对板卡型号、生产批次等详细信息的管理，设备管理从装置级深入板卡级，提高设备管理的精益化水平。利用电子标签实现设备操作前校验功能，防止走错间隔，防止误碰造成停电事故的发生，并提供设备巡检、检验功能管理，提供标准化模板和规范，提高二次设备运行维护的标准化水平和现场管控水平。

（三）实现了“五位一体”机制在班组末端的融合

通过依托物联网技术的二次设备运维智能管理模式在继电保护班组的深化应用，实现了“五位一体”协同管理机制在班组末端融合，运维管控和安全管理水平进一步增强。在专业管理方面的多个关键指标，如设备台账及基础资料完备率、继电保护正确动作率、标准化作业规范率等，都有明显提升。未来平台还有望实现与 PMS 系统、绩效考核系统、继电保护统计分析系统等系统的信息交互，为领导决策及部门管理改进提供科学的支撑建议，可在国网系统内全面推广和应用。

（本章撰稿人：国网天津电力城南公司　宁国丽　段佳莉　徐陆宇）

第九章

Chapter 9

基于“互联网+”的班组移动办公终端深化应用

第一节　能源互联网时代班组移动办公需求提升

能源互联网时代是一个多元联合、资源共享的时代，显著特征就是“开放融合、互联互动、移动智能、创新超越、和谐共赢”，结合已经发生在我们身边的例如“滴滴出行”“支付宝”“网店”等“互联网+”生活实践，让我们充分认识到知识和信息快速传递、时时更新，多种类、大范围、无边界的能源利用已成为常态，并且随着能源互联网、信息互联网的建设不断完善与运行实践，这些变化会越来越明显，趋势越来越不可阻挡。班组作为企业的最小作业组织单元、直接接触内外部用户的班组，在使用变化需求的过程中，将从后端的执行单元变身为前端的价值创造单元，因此，探索创新形势下的班组建设模式已成为一种必要。

滨海公司通过召开班组实践创新推动会、调研会等形式，联合专业部门对能源互联网形势下班组管理现状进行深入分析，并梳理出存在的问题和矛盾点。

一是班组在业务开展和日常管理中与“互联网+”结合的意识不强。

班组无论在专业工作开展、日常沟通交流还是班组建设管理等方面，普遍停留在发邮件、打电话、发短信（微信）等传统方式。

二是缺乏支撑业务开展的“互联网 +”平台。与银行、移动、联通等企业相比，电网企业的业务平台全部为基于内网的系统，一方面不能与客户办理业务形成互动链条；另一方面，班组在工作协作、信息共享、任务组织方面均不能实现“移动智能”，工作效率受到制约。

三是班组员工在工作中获取的愉悦度不够。班组传统的工作方式带给员工的感受是按部就班而缺乏乐趣，需要创新班组技能培训、绩效考核、文化活动等工作开展模式，从而进一步激发班组活力，释放工作潜能。

第二节 打造基于“互联网+”的班组移动办公终端

通过深入调研，滨海公司在视野上“仰望星空”，深刻领会能源互联网建设的深刻内涵，在执行上“脚踏实地”，充分挖掘一线班组员工的聪明智慧，坚持成果源于班组、用于班组、服务班组，以“流程优化、管理精益、减负增效”为目标，在运检班组中试点进行“基于‘互联网+’的班组移动办公终端”的研发工作，对打造因时适势、创新提升的新型班组模式进行了积极探索。

以班组建设管理标准为指导，以“五位一体”协同管理平台为依托，以优化固化班组作业流程为主线，研发班组移动作业终端（手机 APP）。鉴于滨海公司运检班组在生产实际中应用通达 OA 办公软件进行工作计划下达、发布、记录等积累的成熟经验，结合具有强大办公功能的免费手机软件“钉钉”与通达 OA 办公系统的兼容性，滨海公司通过多次研讨，发挥一线职工的计算机特长优势，决定在此基础上进行二次开发，在“钉钉”软件中开发形成“班组移动办公”模块，基于4G 网络班组人员通过手机 APP 实现班组工作计划精准下达、检修（抢修）结果及时反馈、缺陷处理实时跟踪、成员各项工作量化积分等；同时兼具工作日志、技术问答、班组文化展示、班务公开等功能，为班组搭建互动交流平台；利用“钉钉”自带的语音导入、云盘存储、电话会议等便捷功能，使班组在工作协作、信息共享、任务组织方面提升效率，进一步减轻班组负担。该移动终端以无纸化、移动智能化和人性化的班组管理吸引一线班组人员在兴趣中开展工作，在工作中获得快乐。

（一）遵循原则

1. 实用性原则

发挥一线班组职工的计算机特长，成果源于班组、用于班组、服务班组，抓住班组作业管理和日常管理的关键环节，与班组工作紧密融合，确保功能模块实用化。

2. 安全性原则

该项目不涉及与内网信息系统的交互，避免产生信息安全问题。

3. 可操性原则

界面设计简洁明了，辅以语音录入功能，确保各年龄层次班组人员应用时上手快、易操作。

4. 趣味性原则

充分借鉴游戏排行榜的趣味性，考虑将班组所有通过该移动终端实现的工作均产生相应分值，随时查看积分排行榜，吸引职工在体验竞技的乐趣中开展工作。

5. 可推广性原则

功能模块设置灵活、可扩展，适合在所有班组中推广应用。

（二）设计原理

（1）项目研发之前，滨海公司变电运检班组已经成熟运用于通达 OA 办公系统建立的生产计划平台，该系统在班组计划下达、记录填写、统计查询等班组的日常管理中发挥了重要作用。

（2）现有手机 APP“钉钉”代表一种先进的工作方式，是专为企业和团队打造的沟通、协同的多端平台，功能免费使用，如图 9－1 和图 9－2 所示。

钉钉核心功能之电话会议
钉钉或DingTalk
提醒我
信息
拒绝
接听
拨通中
会议纪要
全员静音
首创高效电话会议：通话超高清超稳定，一键发起16人电话会议，一键静音，灵活增减人员。创建/加入企业可享更多特权。

图 9－1　免费电话会议功能

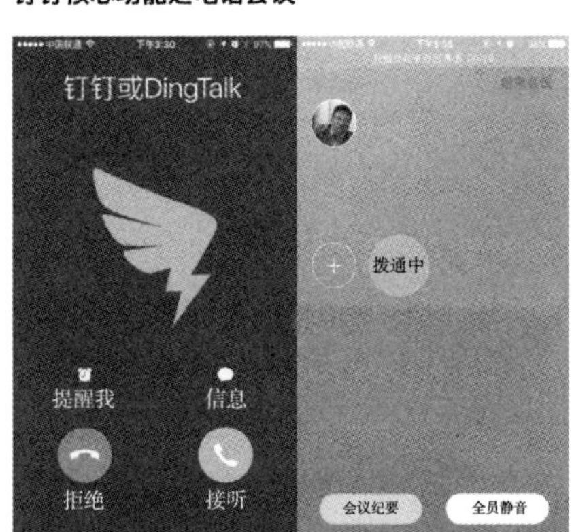

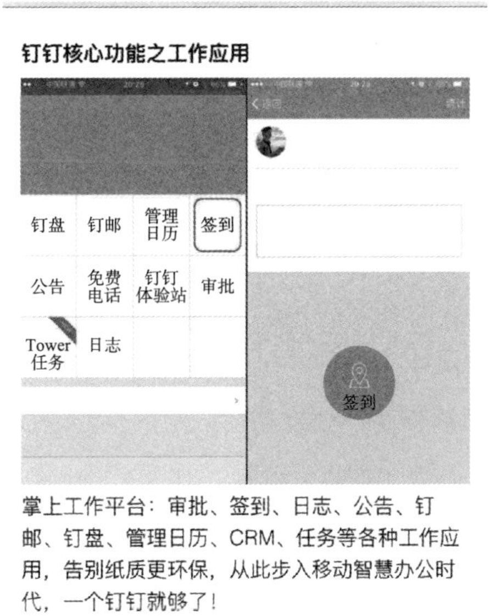

钉钉核心功能之工作应用
钉盘
钉邮
管理日历
签到
公告
免费电话
钉钉体验站
审批
Tower任务
日志
签到
掌上工作平台：审批、签到、日志、公告、钉邮、钉盘、管理日历、CRM、任务等各种工作应用，告别纸质更环保，从此步入移动智慧办公时代，一个钉钉就够了！

图 9－2　强大的工作应用

（3）鉴于通达 OA 办公系统和“钉钉”的兼容性，滨海公司班组课题实践小组创新地提出将基于通达 OA 的移动平台与“钉钉”进行集成整合的思路，把通过通达 OA 系统设定的通知公告、班组日志、技术问答工作流程制定等班组管理模块整合到“钉钉”的微应用，形成一个移动的办公终端，原理如图 9－3 所示。

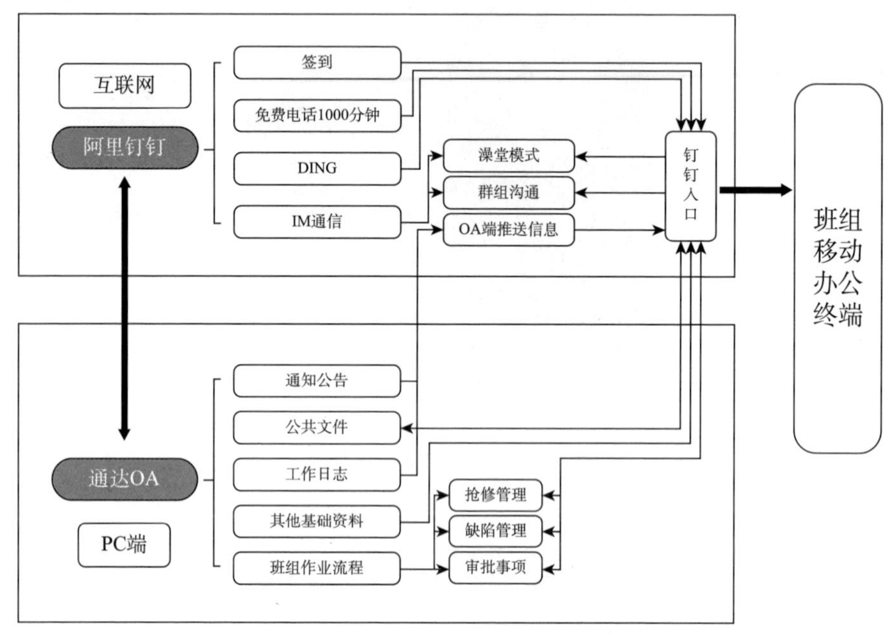

图 9－3　班组移动办公终端整合原理

（三）具体案例

该移动办公终端预计在两个方面服务于班组，即“专业工作管理”和“基础资料管理”，通过移动办公终端在班组的应用，实现班组人员移动办公、智慧办公和高效办公，在提升专业工作质效的同时激发班组活力。

1. 专业工作管理

利用通达 OA 办公系统的“工作流”可定制功能，依托“五位一体”协同管理平台，结合实际工作提取平台作业流程的关键环节，搭建专业

“工作流”。

以变电设备检修作业为例。

在“五位一体”平台的流程中提取从“周检修计划下达”开始至“工单归档”的9个关键环节（见图9-4）进行“工作流”搭建，共涉及4个主要工作角色（如变电检修计划专责、班组长、检修专责工、变电运维人员）。

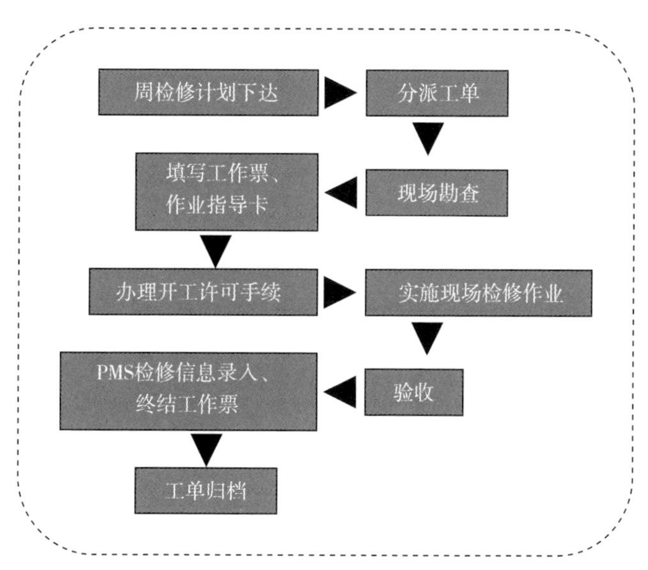

图9-4 变电设备检修关键环节

在每个环节设计简洁的工单录入界面，通过提前设定权限和各环节工作角色的匹配，以消息推送的方式将下一个环节的工作推送到对应角色的手机终端，改变过去发邮件、打电话的流程运转方式，如图9-5和图9-6所示。

图9－5　流程执行消息推送　　　图9－6　检修“工作流”工单信息

2. 基础资料管理

以《国网公司班组建设标准化管理标准》为指导，设定班组建设管理的班组积分榜、工作日志等相关模块，主界面如图9－7所示。

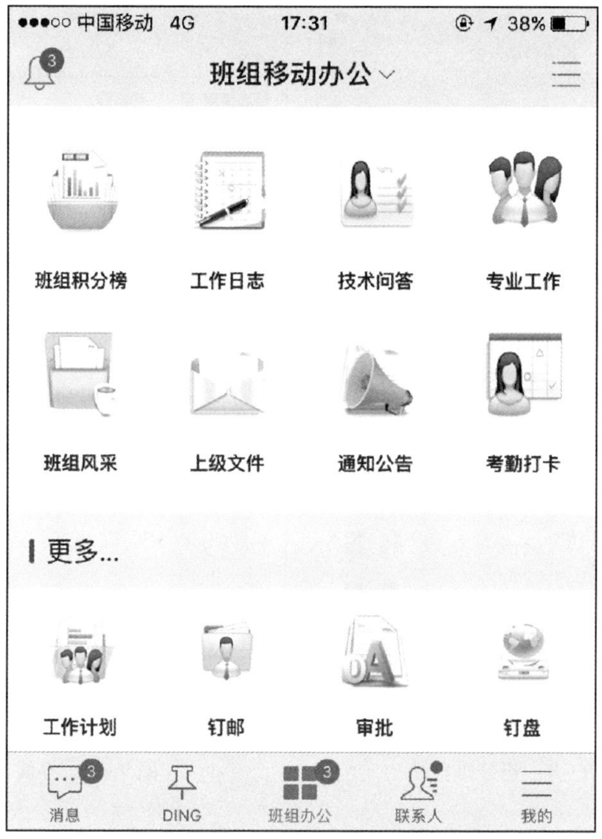

图9－7　主界面

主要模块介绍如下：

（1）班组积分排行榜。对通过该办公终端开展的所有工作（“工作流”各环节、技术问答与提问、工作日志填写等）均设定相应分值，实现每个成员的各项工作量化积分，形成积分排行榜，为班组绩效考核提供依据，如图9－8所示。

（2）工作日志。通过手机随时填写工作日志，同时可以上传现场图片（见图9－9）。

图 9－8　积分排行榜

图 9－9　界面

(3) 技术问答。建立班组技术交流平台（见图 9－10），并对提问者和回答者均设定相应分值，促进班组职工在乐趣中获取知识，在知识中不断创新。

(4) 专业工作。依托“五位一体”平台的工作流程，搭建“工作流”，通过提前设定权限，以消息推送的方式将每个环节匹配岗位对应的人员。

(5) 上级文件。把与班组相关的制度文件分类存放于该模块，班组人员可以随时查看学习（见图 9－11）。

图 9-10 技术问答界面　　图 9-11 上级文件

（6）班组风采。搭建班组人员交流展示平台，班组成员随时上传个人感悟、现场照片、生活照片等，充分展示班组良好风貌。

（7）考勤打卡。结合手机定位，通过移动终端提示实施电子考勤打卡，方便灵活且人性化。

（8）DING 功能。通过 DING 功能能够实现一人同时向多人拨打电话或发送短信，且对方接听（阅读）状态能够及时回执，实现信息可靠精准下达，消息通知省时省力，如图 9-12 所示。

图 9－12　DING 功能页面

第三节　应用效果显著，未来影响深刻

该班组移动办公终端由滨海公司运检班组自主研发形成，对全球能源互联网形势下的班组管理模式进行了积极探索和大胆尝试，凝结了班组的智慧和劳动。通过在试点班组试运行，该成果在班组的减负增效、绩效管理、精益提升等方面具有明显成效，同时将对班组今后的组织管理、运行模式和员工认知等产生深刻影响。

（一）深化“五位一体”实践

把“五位一体”协同管理平台中作业流程的关键环节植入班组移动办公终端，利用“工作流制定”功能，将与岗位相匹配的工作消息实时推送至个人手机，确保工作任务的精准下达，改变了过去执行作业流程过程中发邮件、打电话等传统方式的笼统下达任务，深化“五位一体”在班组实践应用的同时，大大提高了班组的工作效率和精益化水平。

（二）减轻班组负担

高分辨率语音导入功能使工作计划下达、工作记录填写、工作日志录入等不再繁琐，即使年龄大、不擅长打字的老职工同样可以轻松做记录，进一步促进班组减负增效。

（三）激发班组活力

对班组专业工作“工作流”各环节工作开展、技术问答提问与回答、基础资料录入等各项工作设置了相应分值，实现班组成员各项工作量化积分，并随时查看积分排行榜，为班组绩效考核提供依据。基于智能手机实现班务公开、技术问答、工作日志录入等功能，同时为班组搭建互动交流平台，体现了班组建设的无纸化、移动智能化和人性化，随时查询工作积分排行榜将进一步激发班组工作活力，引导班组人员快乐高效地开展工作。

（四）成果具备延展性

该移动办公终端可根据业务工作特点随时制定“工作流”，并匹配到班组员工，可在所有专业班组中推广应用，同时依托该办公终端的“工作流”，能够有效打破专业壁垒，实现各项工作过程可控，结果闭环。

下一步，滨海公司将对该班组移动办公终端的界面美化、功能优化、“工作流”细化等方面进行完善，确保该手机 APP 在班组效率效益提升、减负增效、激发活力方面发挥实效，为国网公司在构建与全球能源互联网特征相匹配的班组建设创新模式研究中提供有力支撑。

（本章撰稿人：国网天津电力滨海公司　董学永　陈丽羽　曹北建　李月月）

第十章

Chapter 10

基于计量关键业务数据管控背景下的计量与采集精益化管理

第一节　采集运维精益化管理数据质量有待提升

采集运维精益化管理工作是营销工作的基础，是营销工作的重要体现。自采集全覆盖之后，天津公司高度重视，想方设法、多管齐下，完善管理制度，夯实基础资料，健全网格化管理网络，加强过程管控，增强员工主动运维意识，进一步提升公司采集运维精益化管理的规范性、实效性，实现采集成功率、采集数据应用率稳步提升。天津公司以“夯基提效”为主线，深化采集数据应用，推动计量采集业务末端融合，建设精益、高效、安全的采集运维闭环体系，支撑公司生产经营、优质服务及“互联网+”大数据应用。

为做好天津公司采集运维精益化管理的支撑工作，电科院计量中心系统运营班力争做到以两大指标、3 个系统、4 种业务为管理范围，层层涉及，面面覆盖。两大指标是指采集成功率、采集数据应用率；3 个系统是指用电信息采集系统、营销业务应用系统、MDS 系统；4 种业务是指采集、计量、营业、用电检查。按照上下协同、指挥通畅、运作高效原则，建立

“两级监控、三级管理、四级维护”运维管理体系，提升管理效率。通过技术创新，打造一体化运维支撑平台，实现采集运维的规范化、标准化管理，实现人员、知识的整合共享，提高运维效率。通过采集闭环管理平台分析采集主站数据，将采集异常与计量异常融合在一个平台中，异常的发现、处理、验证、评估都可以在闭环管理平台中实现。减少工作人员跨系统作业的工作量。操作更简单，效率更高。优化岗位配置，拓展现场运维业务范围，将采集运维业务和计量异常业务有机融合，达到“一职多能”的效果。

为实现采集运维精益化管理，还需提高数据质量，从根本上保证数据的真实可靠，以此做到各项指标的提升。

第二节　实现“分析＋治理＋发布”的全过程运维精益化闭环管理工作

系统运营班天津公司采集运维精益化管理围绕采集数据质量，系统运营班从“前期、中期、后期”三个阶段，强化采集运维精益化管理。前期健全治理工作机制，开展采集数据精细分析，中期组织各源系统统一开展数据清理工作，实施数据异常精准治理，后期数据精确发布，加强系统层面校验，从系统功能层面逐步规范录入数据完整性。三个阶段环环相扣，紧密衔接，实现了采集数据“分析＋治理＋发布”的全过程运维精益化。

（一）健全工作机制，数据质量分析

1. 健全数据治理工作机制

为提升采集数据质量，天津公司健全数据治理工作机制，成立数据治理管控组、数据清理组、现场巡视小组。其中，数据治理管控组统筹数据清理项目资源，负责组织和指导数据清理组、现场巡视小组统一开展数据清理工作；数据清理组负责对数据开展自核查，进行问题数据处理，把控

新增数据质量；现场巡视小组负责对需现场核实的数据开展现场核实工作，并对区县业务人员在日常工作中遇到的相关问题提供支持。

2. 基于计量大数据开展数据分析的多维度通信报文分析治理

以计量大数据为依托，抓住“计量关键业务数据核查的契机”，采用“清理存量数据、规范增量数据、持续提升治理、形成常态管理”的方法，通过多维度分层次的通信报文分析，查找 MDS 系统、营销系统、采集主站、远程信道、采集设备、本地信道和智能电能表等各环节可能存在的问题。以制定质量标准、开发统一数据质量分析工具为先导，通过分析、整改、评估的闭环管理方式，开展常态的自查、整改及年终评价，逐步建立全面、长效的用电采集数据质量分析体系，实现采集数据质量的可控、在控。主要工作内容如下。

组织业务专家深入分析问题数据产生原因，协调电采系统、MDS 系统、营销系统，梳理由于系统功能不完善导致的异常数据，结合天津现场业务实际情况，提出系统功能模块优化意见。同时，提出系统自校验功能完善建议，加强系统层面校验，从系统功能层面逐步规范录入数据完整性。

重点开展智能电能表故障数据分析与应用、细化计量资产全寿命周期各环节管理业务，及时发现计量资产管理漏洞和缺陷，提升计量资产管理细度和效率，全面实现计量资产精益化管理，减少异常问题数据产生。持续开展计量资产基础数据治理与提升完善工作，进行问题定位与分析，进一步提升计量信息数据质量。

3. 终端全事件数据采集全过程管控

天津公司根据《国网营销部关于开展采集终端和电能表停电事件数据整理工作的通知》，积极开展现场采集设备事件配置、升级改造工作。加强省级计量中心设备检测工作力度，从源头上严控全事件配置工作，持续提升全事件采集能力。通过研讨全事件阈值，确定事件产生的合理阈值范围，进一步发挥计量装置在线监测与智能诊断作用。

（1）严把设备准入门槛。一是明确技术要求，出厂默认相关全事件自动采集。二是强化终端全性能检测，特别是事件记录及上报功能检测。国网天津电科院计量中心从终端供货前、供货后抽样验收严把质量关，对终端所有全事件功能进行检测，确保设备进入现场前满足全事件上报功能。

（2）监督设备升级改造。一是协调主站厂家，批量设置事件参数。二是严格按照计划开展终端轮换或升级改造工作。对不满足全事件升级的09版终端逐步进行更换；对满足全事件升级的13版终端，按照时间节点完成升级。

（3）优化事件阈值范围。系统运营班依据终端运行现状及业务开展情况，适时调整各类异常的阈值，并结合采集人员实际应用情况，依托国网相关技术要求，调整异常判定规则，尽量减少自动诊断功能的误判率；同时，定期开展异常事件数据的核查，保障自动诊断功能准确性。

（二）优化资源调配，数据精准处理

（1）基础数据统一治理。各个系统（省级生产调度平台、营销业务应用系统、用电信息采集系统）基于职能的“分段式”资产管理，工作衔接不紧密，信息无法共享，共用的编码制管理不统一，缺乏问题信息反馈和数据一致性校验，信息存在“孤岛”现象，缺少有效的整合，需加强计量基础数据一致性治理工作。

一是统一载波芯片档案信息、ERP物料信息、设备码信息、供应商信息、电能表规格等重要标准编码，对历史数据开展综合治理工作。

二是以落实《管控方案》为契机，根据营销信息系统数据完整性和逻辑性要求，按照“谁产生谁负责”的原则，在各源系统中开展存量数据清理，确保数据准确，配合营销基础数据平台开展数据接入工作。

（2）实现过程管控制度化。为适应天津公司的业务需要，采集运维闭环管理模块新增了督办工单，市公司及各供电公司可以对需要督办的运维工单发起督办工单，拓宽了运维执行渠道。在运维闭环管理系统完成工单

后，工单内容涉及非计量专业业务，则应用业务流转单向其他业务推送，从而推动专业联动、横向互通，营销各专业管理协同推进。

（3）成果巩固常态化。

一是建立指标发布体系。将采集运维指标在工作例会及系统中发布。

二是建立微信工作群。覆盖公司所有计量采集专业人员，每天对督办工单处理情况进行监控、发布，协助各责任人发现问题、快速解决、当日反馈，实现督办工单高效闭环、日清日结。

三是强化通报激励。编制采集运维周报，定期在省公司计量例会通报排名，有效促进指标责任部门、班组主动作为，补短板、保提升、争进位。

四是开展绩效考核。建立了“责、权、利”相统一的考核机制，将指标纳入各单位企业负责人业绩考核。

（4）供应商评价科学化。

一是有序推动电能表状态轮换工作，定期汇总各类异常原因，按照设备类型进行归类分析，根据分析结果开展电能表状态检测工作，对重要项目要增加到全性能检测工作中，提高设备质量，形成 PDCA 良性循环。依据检测结果分类，对供应商开展科学评价。

二是构建 O2O 模式的现场作业专家技术支持及互动平台，打通作业现场与供应商之间的沟通渠道，实现运维人员与技术支持人员的实时互动，对供应商技术支持工作质量进行综合的考核评价。

（三）建立运维精益化管理评价指标，考核监督到位

在国网公司考核指标基础上，天津公司增加了采集运维精益化管理评价、考核指标，计量中心业务支撑组根据管控需求和业务态势，每月协助公司开展计量业务管理评价，旨在内部掌握管控实际情况、暴露缺陷和不足，分析指标缺陷原因并制定相应解决方案，不断提高考核指标的水平。内控考核指标涵盖档案管理、参数配置、运维指标、故障处理、工单执

行、设备质量等各方面，考核对象为各供电分公司、采集运维班组、外委运维单位、采集设备和电表厂商。

依托计量资产全寿命周期管理，实现计量中心检定生产、量传、质检、现场、安装、拆退及数据管理等全业务管控，打造计量中心内部全业务、全过程、全生命周期覆盖的管理平台。管控涵盖计量资产全寿命周期业务监督、计量资产质量监督管理管控、二三级库房资产管理跟踪、周转柜应用情况监控、用户申校、优质服务等业务进行监督。

第三节　数据的分析、治理和发布质量显著提升

天津公司采集运维在实施精益化管理后，数据质量有了长足的发展，在数据的分析、治理、发布方面都有了质的改变。

数据管理方面，国网天津电科院计量中心在与设备厂商签署的技术协议中提出明确要求，要求采集设备出厂时，停电及相关事件自动采集参数默认开启状态，确保在业务人员未进行事件参数设置情况下，现场设备同样能够自动采集、上传。为防止终端厂家停电参数出厂默认设置异常的情况，组织采集主站先后多次开展停电、电能表时间超差、电表故障信息等事件采集主动上传参数批量设置工作，确保现场采集设备事件参数符合工作要求，从源头上保证了采集数据的质量。

扎实开展采集数据治理，以“关键业务数据核查”为契机，梳理完善基础信息档案，规范 MDS、营销业务应用系统、采集系统中档案信息字段，开展档案一致性及标准代码的核查工作，并且开展客户档案信息规范及台区基础信息核查工作。当发现问题时，安排现场人员核实真实信息，

通过下发工单及时整改。

图 10－1 所示为关键业务核查中，用电信息采集系统与营销业务应用系统一致性比对结果。发现问题的同时，确认系统间接口问题。建立完善接口数据双方传输日志反馈记录。当采集系统将数据成功推送至对方业务系统时，保留数据传输成功日志。同时，业务应用系统接收采集数据后会将接收结果以日志形式反馈至采集系统。业务部门与采集专业核对数据推送情况以双方日志记录为证，避免了部门专业之间由于数据是否推送问题而相互扯皮，确保专业协同化。

数据发布过程中，应用采集闭环系统派发相应工单，确保采集系统数据与现场一致。按照履约情况、售后服务、质量监督 3 个一级指标及 10 个二级指标对供应商实行评价。其中，I 型集中器共有二级指标 10 项，专变采集终端共有二级指标 10 项，电能表共有二级指标 10 项。

图 10－1　用电信息采集系统与营销业务应用系统一致性比对结果

第四节　数据质量提升，应用成果显著

自采集运维精益化管理以来，天津公司采集运维工作高质效开展、规范化管理，确保用电信息采集系统安全稳定运行，满足各专业数据准确性、时效性要求。能够按照上下协同、指挥通畅、运作高效原则，建立“两级监控、三级管理、四级维护”运维管理体系，提升管理效率；并且通过技术创新，打造一体化运维支撑平台，实现采集运维的规范化、标准化管理，实现人员、知识的整合共享，提高运维效率。

在采集运维工作指标方面，经过长期坚持不懈的采集运维“四精四注”管理工作，天津公司采集两率指标在国网公司同业对标中有了较大的提升。2016 年以来，系统运营班组共完成 502408 个工单的派发、反馈和处理工作，包括 473159 个采集异常工单，20631 个计量异常工单，3214 个费控异常工单，4532 个台区线损异常工单、872 疑似窃电工单。2017 年以来，天津公司以“提升采集数据质量、服务公司内外专业”为目标，借助采集两率指标着重考核，共纠正营销档案错误用户 2761 户，纠正错接线用

户 14367 户，排查零度户 15318 户，排除公司经济损失 16371 万元，减少优质服务投诉隐患 191 起。

（本章撰稿人：国网天津电力电科院　吕伟嘉　翟术然　卢静雅）

第十一章

Chapter 11

基于4G网络的移动终端监控平台创新研究

第一节　电力自动化运维系统需要多方位改进

（一）电力自动化运维系统不可或缺

电力系统顺利工作离不开电力调度，电力调度自动化是电网调度不能缺少的一部分。在智能调度系统快速发展更新的大环境下，电力调度自动化系统已由电力系统中的一门辅助性远动技术发展成集系统性、专业性于一体的技术，是维持电力系统安全稳定运行的一大支柱。随着电网规模的扩大和无人值班变电站的普及，电力调度自动化系统在广泛实用化后的今天，已成为电力企业减人增效，实现科技进步的主力军。

（二）“信息孤岛”影响系统运行效能

当前电力调度自动化系统监测巡视仍采用人工方式，故障处理在一定程度上依赖于运维人员的经验水平。近年来，新技术、新功能的不断投入应用，导致电力调度自动化系统中计算机及通信设备数量增多，网络结构日趋复杂。各应用系统软件间又通过数据库、接口等形式互相通信、相互影响。遇到重要厂站及通道工况退出、网络中断、采集的数据异常、应用关键进程故障等情况，运维人员需耗费大量时间去核查应用系统各业务工况和设备运行状态，从而难以及时准确地进行故障定位。此外，人工巡视的管理模式往往是故障发生后进行被动式处理，无法进行事前预防，与在线监测、状态检修和预防性维护等电力主设备管理要求相距甚远。

另外，自动化应用系统形成的“信息孤岛”增多，加大了管理难度。尽管电力调度自动化部门一直在积极探索有效的管理模式，如通过培训来提高运维人员技能，购买厂商服务对部分应用系统进行外包，建立网络管理系统，配置多种专业化管理工具等，但是专业化管理工具和厂家服务的应用仅局限于特定范围，极大地限制了其功能和性能的发挥，难以达到令人满意的显著效果。

（三）人为因素带来机房安全隐患

电力调度自动化机房设备集中、网络布线复杂、运行环境要求高，因此其环境监测工作是自动化运维的重点。目前，电力系统采用值班员定时巡检方式，每隔一段时间到各机房进行巡检，通过观察设备指示灯、查看精密空调显示屏数据等方法，凭借经验和直觉来判断设备是否正常运行。然而，机房内设备状况时刻都在变化，定时巡检方式难以在第一时间发现问题，并且值班员缺乏对设备的了解或人为疏忽都会导致故障难以及时被发现和处理，这必然会给系统运行带来影响。

第二节　设计电力调度自动化系统移动终端监控平台

（一）系统设计目标

本设计为一种电力调度自动化系统移动终端监控平台，从机房环境、通信网络、服务器、系统软件（数据库/中间件）、应用系统等多个层面实现电力调度自动化系统全方位一体化的智能监管。该平台可在数据层上第一时间发现问题，帮助值班人员更加准确及时地找到故障点，有效排除故障；可在物理层面上随时掌握电力调度自动化机房环境状况以及精密空调、UPS电源系统、网络及安全设备运行状况，保证系统的安全性和使用寿命；同时，充分利用成熟的4G网络和IT技术与手段，实现对不同安全分区的自动化设备、关键应用、重要数据的统一监管，打造“跨安全分区”的移动终端监控平台。

（二）监管对象及方式

结合电力调度自动化运维工作中的实际需求，将系统的监管对象分为主站设备、关键应用、重要数据、厂站工况、运行环境，并针对不同的监管对象采用不同的通信协议和监控手段。

（1）主站设备。主要包括各应用系统中的服务器、路由器、交换机、防火墙和网关设备等。采用简单网络管理协议（SNMP），通过轮询和接收SNMP TRAP（陷阱消息）方式监控设备运行状态、系统性能以及侦听告警信息。被监测对象需要启动SNMP服务，并与开启端口一致。对于安装了特殊操作系统的服务器，要求安装SNMP主机代理。SNMP访问控制的只读团体（READ COMMUNITY）值，需按规律一致设置。这样以保证新增设备能被监控服务器定期轮询模块发现，并根据监控模块预加载的MIB信息管理库识别设备类型，将其自动纳入监控范围。

（2）关键应用。主要实现对业务系统本身应用软件的监控。通过业务运行的主机服务器上的SNMP代理可完成对业务系统本身应用软件的监测。对于一般进程、文件系统的监控，通过标准MIB库就可以完成。对于特定监控，如监控指定目录文件是否长时间没有处理，需要通过扩展标准MIB库或自定义MIB库的方式来完成调度自动化综合监测系统对主机服务器SNMP的查询。

（3）重要数据。针对以往EMS系统重要遥测数据越限、不刷新或跳变，以及电能质量系统数据不更新等情况无法及时被发现问题，利用综合监测系统采集服务器通过数据库接口软件对各应用系统重要数据进行采集，并将数据实时传输到监测平台数据库，通过自定义告警规则实现及时告警。

（4）厂站工况。通过数据库接口采集EMS系统Ⅲ区Web数据库上的厂站工况及告警数据，并将数据实时传输到管理服务器进行统一的告警预警与告警处理，对重要厂站及通道工况进行特殊告警处理，打造综合自动化业务和运行环境的集约化监测平台。

（5）运行环境。主要监测机房精密空调、温湿度及烟感、漏水、UPS电源系统等，并按大楼、机房、机柜、设备的层级以树状方式在界面上逐级展示监测结果。对于精密空调，通过其自带的智能通信接口即可监控压缩机、风机、加热器、加湿器、去湿器、滤网等的运行状态与参数，实现实时、全面诊断。

对于温湿度及烟感，通过R232/485协议转网络将温湿度、烟感探头等设备量测数据采集入库并展示。

对于UPS电源系统，可通过接口软件将有关参数、信号及运行信息传输到综合监测平台采集服务器。

对于漏水，采用分布式传感检测系统进行监测，根据场地设备的布置情况，使用绳式测漏系统。该系统本身包括漏水控制器、漏水感应线及其他辅助设备，可检测感应线上任何点的漏水位置。

（三）系统总体架构

系统总体架构如图11－1所示。安全Ⅱ区部署1台采集服务器，负责采集、接收来自安全Ⅰ/Ⅱ区的设备信息、事件、告警和SYSLOG系统日志。安全Ⅱ区采集数据库存放监控的任务信息、监控设备的必要状态信息等，这些信息可作为安全Ⅱ区采集服务器向安全Ⅲ区传递数据时的比对参考。安全Ⅱ区的采集服务器将监控采集的数据（性能数据、拓扑数据、配置数据、告警数据、SYSLOG日志数据）通过安全Ⅱ区传输代理以文件方式传递到安全Ⅲ区，再由安全Ⅲ区传输代理接收并转发到安全Ⅲ区采集服务器本地指定目录。

安全Ⅲ区采集服务器除了负责采集、接收来自安全Ⅲ区的设备信息、事件、告警和SYSLOG系统日志外，还负责将传输代理转发的安全Ⅰ/Ⅱ区监控数据存入统一信息库，以及与动力设备监控管理站通信，将动力设备监控管理站收集到的所有机房的动力环境设备数据存入统一信息库。安全Ⅲ区应用服务器负责将来自统一信息库的数据和安全Ⅲ区采集服务器通过消息总线推送的数据分析和处理后统一展现在Web客户端。

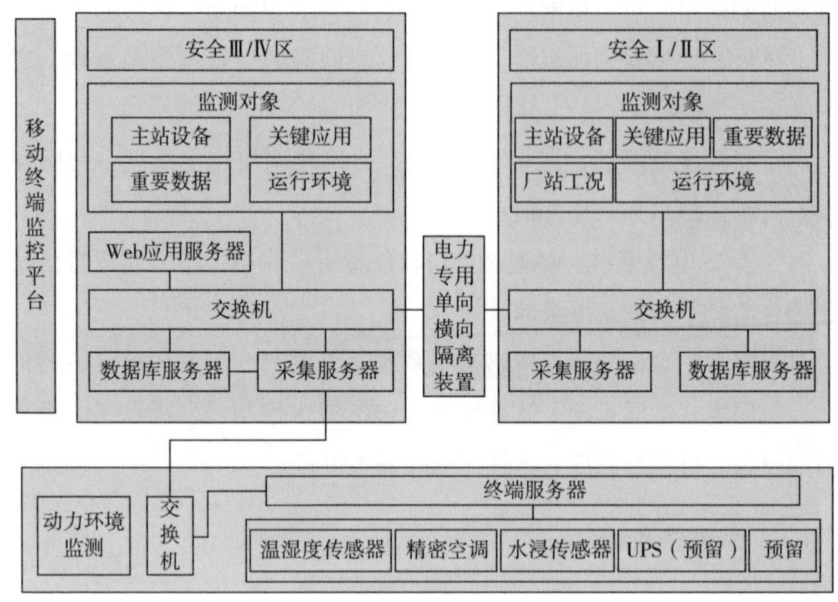

图 11－1　系统整体架构图

（四）系统逻辑架构

系统逻辑架构如图 11－2 所示，纵向分为 4 层。视图展现层是用户与系统交互的界面，监测系统的图形化监控和可视化台账维护都在这一层完成。业务分析层采用成熟的企业级应用支撑平台（CISP），可根据业务要求对数据进行组织、加工、分析、归纳。数据存储层是基于 DMTF/CIM 模型的统一数据配置库，对采集的数据按系统定义的结构进行存储，并提供查询、添加、修改、删除等操作接口。数据采集层负责与各类设备以各种规约、协议进行通信，支持并发采集和接收数据。

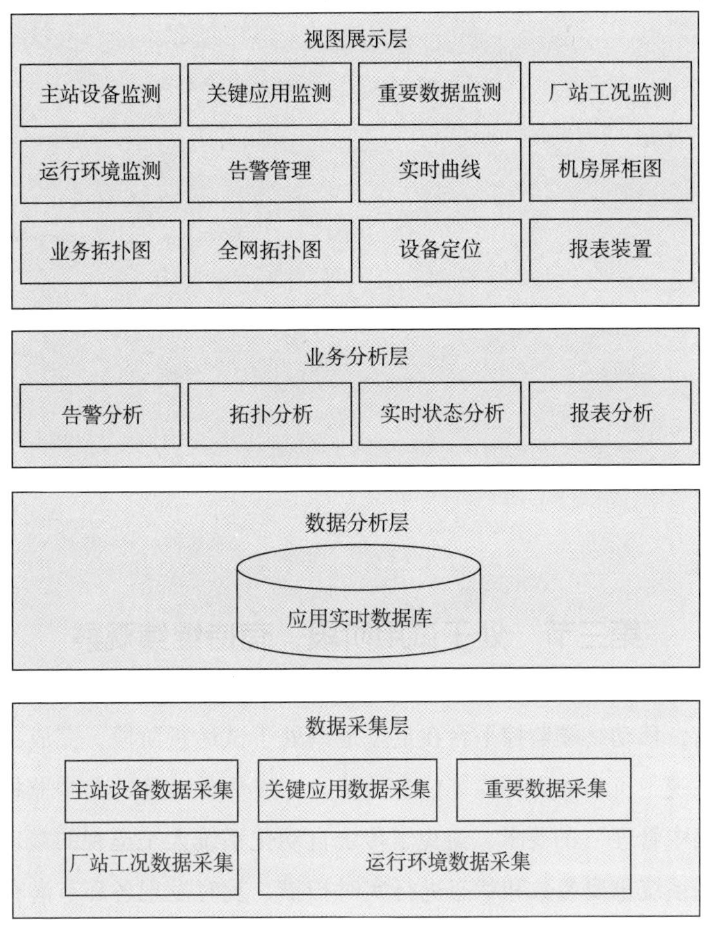

图 11－2　系统逻辑结构图

第三节　处于试用阶段，有待继续观察

目前，移动终端监控平台在宝坻地调处于试运行阶段，完成了电网调度主站系统、机房动力环境等信息的接入。该平台满足“集中监控、集中维护、集中管理”的要求，避免了传统自动化系统人工巡视的繁琐，主动对各应用系统重要参数和状态进行实时扫描，及时发现各环节潜在的异常和故障，极大减轻了值班人员的工作负担。该平台的“告警知识库”功能汇集各种故障现象和对应的处理方案，变经验型故障处理为分析型故障处理，确保故障处理的及时、高效、准确性，提升了自动化运行的智能化水平。

该自动化移动终端监控系统同传统上的调度自动化相比，会更进一步对电网全景信息的获取进行拓展。所谓电网全景信息，是指具备精确的时间断面，较为正确的、完整的、标准化的业务信息和电力信息。

本系统以通畅、可靠、坚强的信息交互平台以及实体电网架构为基础，以服务生产的全过程为目的，对系统中所有的运营和生产实施中的相

关信息实现整合。同时对电网业务进行实时动态诊断、分析和优化，最终为管理人员和电网运行提供一个更为精细、完整、全面的电网运营状态图。本移动终端监控系统能够进一步对各级电网控制进行优化，构建出系统组态化、功能模块化以及结构扁平化的柔性体系架构，通过分散和集中的结合，灵活的对网络结构实现变换、系统效能实现最优配置、系统架构实现智能重组以及对电网服务质量上的优化，从而在整体上构建出新的智能电网体系。

第四节　未来应用潜力巨大

国网公司信息部门各级运维中心均已开始在统一部署下建设综合运维平台，但自动化部门还未全面铺开建设运维系统，本系统着重研究自动化系统综合运维平台的建设，系统地建设应遵循国网公司的总体建设思路，引入成熟的理论与技术，关键是要研究自动化作为电力控制系统所相关的一些行业特点和技术规范，符合行业的相关技术管理要求，开发出一套适用于自动化系统的综合运维平台。

随着计算机和通信技术在电力系统中的广泛应用，电力调度自动化系统的综合监控报警功能显得至关重要。宝坻自动化班组的设计应运而出，通过对基于4G 网络的移动终端监控平台的研究和实现，省去了烦琐的、重复的机房巡视工作，班组成员只需借助计算机客户端或者手机 APP，机房运行情况及各系统的主要报警信息便一目了然。这显著提高了自动化班组的工作效率，并有效增强了电力调度自动化系统的可靠性，为调度自动化各种应用系统的稳定运行提供了技术保证，满足了未来智能调度新型业务集中高效管理的要求，从而保证了电网安全、经济、稳定运行。

未来的调度自动化系统将是一个庞大的智能化系统，强大的系统间冗余和组合能力使得数据能在全局范围内得到整合，可以从各个区域性系统数据库中调用所需的电网数据，并形成全局性的电网拓扑以及为人工智能提供完整统一的电网模型。这样的智能系统结构扁平、多层分布、布置灵活，通过信息交互与共享的层次架构，避免无谓的，甚至有害的海量信息操作。同时，新型的智能化信息交互平台将是坚固的、灵活的、抗攻击的、自防御的。

智能调度自动化系统将发电、输电、配电和用户信息统一到完整的平台上，并实现电网的双向互动供电。从用户端来说，灵活的电能需求将可以得到实现；自有、富余、投资性电能可以用于电网补充、调配和应急。就电网侧而言，可以实时掌握电能需求、即时掌控负荷分配、预估系统安全稳定、有效调配电能资源、合理引导用户节电、快速应对突发风险、切实提高投资效益。

未来一定能够实现电网调度自动化综合监控系统的全面智能化。智能化的系统应该能够使数据在全局范围内得到合理优化的同时，还能够调出区域性系统数据库里需要的电网数据。智能化的电网调度自动化监控系统不仅能够综合发电、输电、配电和用户的信息，还能够实现全系统运行信息的监控，最终保证系统安全稳定的运行，有效地调配电网资源，为及时应对突发事件，提高电力产业的经济效益做出重要的贡献！

（本章撰稿人：国网天津电力宝坻公司　郑旭锦　杨国杰　刘在旺）

第十二章

Chapter 12

“互联网+”变电智能检修作业APP

第一节 班组信息基础薄弱，日常学习管理受限

（一）班组基础建设不够完善和规范

班组基础建设包括班组的简介、成员信息及档案资料管理、班组制度等，针对这些，目前班组采用办公室展板+OA系统结合的方式，但是对于成员信息并没有进行专门的统计，进而形成文档，信息有变化的班组成员不能做到及时地更新和跟进，这对于准确、直观、全面地了解班组情况有很大的不便，尤其是对于新员工这一问题尤为突出。

（二）班组新闻传递渠道狭窄，实时性差

班组成员大部分工作时间在变电站内，目前诸如班组公告、新闻、会议通知等与班组成员息息相关的信息均由班组管理员在OA系统的班组建设内公布，因此，班员需要在具备网络和计算机的环境下才能第一时间知晓，显然，并不满足。为解决这一问题，班组采取由管理员通过电话通知

到每一个成员，一方面增加了管理员的工作量，另一方面班组成员得到的信息也缺乏全面性和准确性，班组管理工作存在不便。

（三）日常安全学习、缺陷管理方式方法具有局限性

安全生产是重中之重，安全意识的培养离不开不间断的安全学习，目前班组成员学习安规的方式限于书本及计算机，或者将电子版安规文件导入手机，方便在工作之余随时学习。前者显然局限性较大，后者过程烦琐，且不具备视频、图片展示，学习效率和效果不佳。缺陷方面，现采用的方式是将专人通过询问出勤人员的相关情况录入系统，这种方式缺乏及时性甚至准确性，且达不到与其他班组成员共享的目的。

（四）创新想法的实施受限制

创新成果的形成往往来源于日常工作中不经意的小想法、小发现，由于缺乏相关的平台，班组成员在生产过程的一些灵感得不到及时的分享、讨论及进一步的实施，给班组成员创新积极性的提升和班组安全生产水平的提高带来了不利的影响。特别是目前班组管理方式单一且传统，急需班组成员集思广益，加以改进，若每个班组成员都能及时地把自己的想法贡献出来，共同斟酌甄选，那么班组的管理水平也将迈上新台阶。

第二节 建立班组信息规范化、协同化系统

（一）班组信息规范化

目前，班组信息主要采用办公室展板+OA系统结合的方式，很多信息并没有进行专门统计，信息不完整，内容更新不及时，没有发挥其该有的作用。基于此，该APP加入班组基础建设条目，其中包括“班组成员”“班组制度”“档案资料”等内容，如图12-1所示。班组成员中详细记录了各班组成员的分工、专业特长等信息；班组制度中包含各种工作办事流程及规章制度信息；档案资料中详细记录了各组员的档案。各种信息由班组长安排专人及时地更新和跟进，有选择性地公开，特别是对于新员工来说能很快了解本班组职责和制度，快速融入班组，进入工作角色。

图 12－1　基础建设

（二）班组信息实时接收

受班组工作特点和工作性质影响，班组成员大部分工作时间在变电站内，无法及时登录 OA 系统获取班组公告、新闻、会议通知等信息。针对班组信息传递不流畅的问题，该 APP 内增加了“新闻速递”“班组公告”和“会议通知”条目，实时接收班组信息，如图 12－2 所示。

新闻速递，包括国家电网公司层面的大事件，最新发布的电力相关文件，国家对电力系统的相关政策以及地市公司的最新动态的发布。让每名职工都能及时知晓公司的一言一行。

班组公告，包括注意事项、安全责任、天气提示、行车安全和节日祝福等，让班组成员在紧张严肃的工作中感受到丝丝温暖。

会议通知，包括周例会，晨会，工作现场的班前会、班后会，会议调整通知等。班组成员可以根据通知灵活安排时间。

图 12－2　班组头条界面

班组成员登录 APP 后，即可实现即时消息推送和提醒功能，消息通知采用图片、文字描述等形式，准确、直观、全面地了解通知的具体内容。

（三）在缺陷处理中学习

在缺陷处理方面，系统录入人员与缺陷处理人员可能不是同一个人，必须询问处缺人员相关情况之后，录入系统。这种方式缺乏及时性甚至准确性，且达不到与其他班组成员共同学习的目的。该 APP 内置“缺陷处理”项目（见图 12－3），巡视人员发现缺陷之后，立即将缺陷内容在 APP 内登记，班组成员对未处理的缺陷一目了然。缺陷处理完成之后，处缺人员将处理过程详细地记录在 APP 内，经班组长审核之后，组员们可以共同学习，如果再有类似的缺陷，工作人员处理起来就容易很多，大大提高了工作效率。

图 12－3　缺陷记录页面

（四）创新想法随手记

班组成员在生产过程的一些灵感得不到及时的分享、讨论及进一步的实施，给班组成员创新积极性的提升和班组安全生产水平的提高带来了不利的影响。针对这一问题“互联网＋”变电智能检修作业 APP 中加入了“创新管理”（见图 12－4）项目。组员们有了小想法、小发现后拿出手机记在 APP 上，发布之后班组成员也能提出自己的想法，一起讨论，集思广益，明确方向之后商讨进一步的实施。创新再也不是闭门造车，而是变成班组内一项充满乐趣的活动。

特别是目前班组管理方式单一且传统，急需班组成员集思广益，加以改进，若每个班员都能及时地把自己的想法贡献出来，共同斟酌甄选，班组的管理水平也将迈上新台阶。

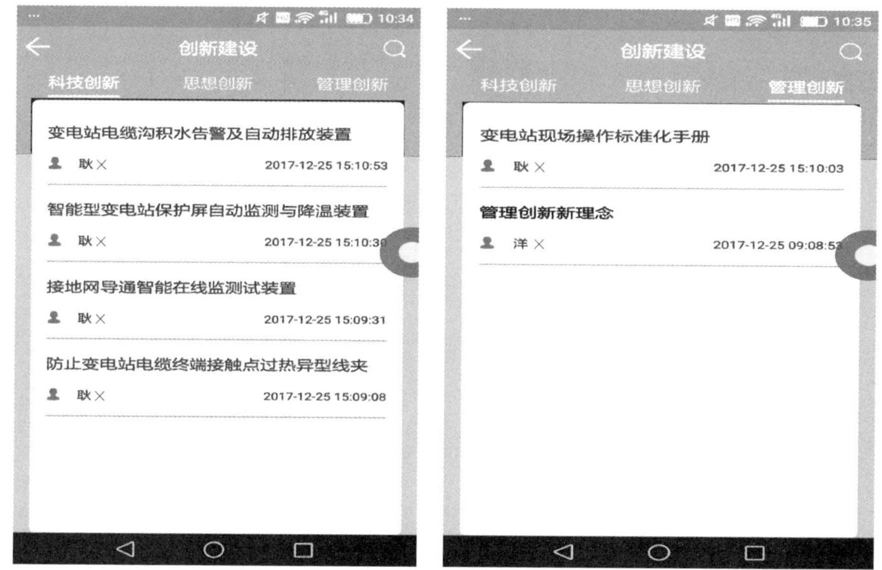

图12－4　创新建设界面

（五）安全学习更便捷

安全问题是国网公司反复强调的问题，也费尽心思保证每个工作人员的安全，采取的措施包括安规轮考、三种人制度、思想教育等。目前班组成员学习安规的方式限于书本及计算机，不方便随身携带。该APP专门设了安全建设模块（见图12－5），包括“安全须知”“违章事件案例”“危险点预防”，分门别类，便于记忆，在工作时如有个别要点含糊不清，可以随时查看。此外，该APP还具备视频、图片展示功能，学习起来更直观高效。关键词的查找功能使组员快速定位需要查看的内容。

10:38
安全建设
安全须知
保障安全的技术措施
耿×
2017-12-25 15:50:22
二次系统上的工作
耿×
高压设备工作基本要求
耿×
2017-12-25 15:46:12
10:37
安全建设
违规事件案例
案例4 手抓引流线感应电触电
耿×
2017-12-25 15:44:27
案例3 带地线合闸2台主变压器同时跳闸
耿×
案例2 非操作人员擅自上机带电合接地刀闸
耿×
2017-12-25 15:42:50
案例1 保护人员误拆线造成330kV主变压器跳闸
耿×
2017-12-25 15:41:36

图 12－5　安全建设页面

第三节 系统应用效果显著

（一）班组信息、资料管理更加规范

新模式的主要应用场景之一即用于班组的日常管理，变电二次与信通运检班充分利用这一功能，并设专人对班组成员信息进行了全面的核对和更新，涉及“煤改电”项目及立新智能站的投运，班组的管辖站点也有所增加，借此进一步完善了班组职责；这样使得班组各方面情况都能清楚、直观地展示出来，让人一目了然，便于在最短的时间内对班组进行细致的了解。

（二）班组成员在现场也可以随时学习安全知识

变电运检室班组成员大部分时间均在站内，由于受无计算机的限制，现场工作中的“碎片”时间无法得以充分利用，该创新成功解决了这一问题，安全建设、微课堂、讨论圈多个模块设置，让班组成员随时随地都能打开手机，浏览安全须知、违章事件案例、危险点预防等安全生产小知识，软件同时支持图片、小视频等多种形式，消除了安全学习的枯燥乏味

性，大大提高了学习效率。此外，在缺陷管理上，班组成员充分利用该平台，将自己处理过的缺陷在此进行登记，达到记录和分享讨论的效果。

（三）及时分享创新想法，创新工作开展更加顺畅

创新创效一直是变电运检班组工作的重中之重，但苦于缺乏相关的讨论平台，效果欠佳。该创新模式设立了科技创新、思想创新、管理创新，让班组成员对关于创新如何分类更加明确，能准确及时地将自己的创新想法对号入座进行分享，并在平台上和其他班组成员讨论创新想法的实效性和可实施性，进而对申报、立项、实物制作等后续工作也能有初步的计划。由此，班组成员的创新热情和创新能力均得到显著的提高。

（四）新闻传递更具实时性和快捷性

新闻传递也是班组对该创新模式应用较多的一个方面，实现了班组成员不管是在单位还是在出差、工作现场都可以随时掌握最新的关于国家电网的新闻，学习英雄事迹；另外，对于班组开展的拓展活动，会议通知也可以及时地知晓，避免了因为获得渠道有所限制而错过活动的情况，尤其是周计划的定期发布，可以让班组成员提前清楚本周工作内容，从而合理安排时间、进行更加充分的准备，提高了工作效率和安全生产水平。

第四节 系统未来应用价值巨大

该班组建设创新项目的成果APP在我班组进行试用后，取得了较为明显的实际效果，给班组内成员的学习和日常工作带来了极大的改变，主要表现在如下方面。

（一）班组管理更加规范

之前班组信息管理主要采用传统的展板和OA系统的方式，在很多方面的统计和管理并没有专人负责。在使用APP后，很多班组内的项目都由专人负责，即使负责的人不在单位也可以通过移动终端将信息实时更新，改善了以往内容更新不及时的情况，也将班组内活动记录得更加准确清晰。

（二）班组内部新闻消息和通知传递时效性提高

以往由于工作性质的限制，很多班组内成员每天的大部分工作时间都在站内现场，并不能及时通过 OA 和网站来了解班组内的消息和通知。在使用了手机客户端后，成员可以在工作之余通过移动终端来实时了解班组内消息和新闻等的下发，改善了以往通过电话点对点传播的模式，通过利用 APP 进行群发，节省了大量时间和精力，也避免了人力的浪费。

（三）班组成员通过 APP 与其他成员交互更加频繁

由于变电二次班组涉及的专业比较多，工作内容也比较细，以往成员的工作模式大多是每天只能接触到很窄的专业知识。在运用 APP 后，每位成员都可以及时向班组内其他的成员分享专业知识及缺陷处理的经验。除了书写文字以外，还可以配图进行上传，这样其他成员就可以通过 APP 来学习这位成员分享的涉及其他专业的知识，不但节省了双方的时间，也能让班组成员清晰地接触到更多其他的专业知识。除此之外，班组长和主任作为管理者，也可以通过 APP 来对分享的知识进行管理和筛选，还能对已分享的知识加入自己的点评和讲解，给成员提供了更多的学习机会。

（四）可以及时向班组内其他成员分享自己的创新

除了可以利用 APP 学习缺陷处理以外，还可以及时向班组内的成员及时分享自己的创新想法。很多时候创新想法都来源于日常工作间不经意的一刻，如果及时将想法分享给大家并进行讨论的话，创新也就打破了如今闭门造车的模式。在使用 APP 后，现场工作的成员及时地将想法分享出来，其他成员能够及时进行讨论，大家通过 APP 来进行交流，创新也变成一项充满乐趣的活动。

上述总结就是这个项目在班组内应用后带来的改变和取得的效果，对于这个项目在未来要进行的改进和创新，我们又做了如下的几个规划。

（1）在项目趋于成熟后，逐步加入变电检修其他班组和专业的成员，这样在创新和缺陷处理学习方面，每个成员可以接触到更多更广的知识，也能够参与到更多的创新成果建设中。

（2）在APP中加入“微课堂”模块，成员可以上传文档以及幻灯片等格式的文件，成员除了参与实际的现场工作外，还可以利用手机来学习理论知识，并且可以定期组织相关专业人员来讲解相关知识，真正做到“一专多能”。

（3）逐步细化每个成员的职能和分工，赋予每个成员不同的权限，目前的模式是班组内所有成员（除班组长外）都有相同的权限，这样在处理某些事务的时候会有一些不方便，在以后的版本中可以逐步进行改善。

以上就是我们对这个项目的短期规划，我们作为这个项目的策划者和实行者，以后还会对这个项目投入更大的精力，以加快班组建设的脚步。

（本章撰稿人：国网天津电力武清公司　张宏伟　耿翠红　杜金婷）

推荐作者得新书!

博瑞森征稿启事

亲爱的读者朋友:

感谢您选择了博瑞森图书! 希望您手中的这本书能给您带来实实在在的帮助!

博瑞森一直致力于发掘好作者、好内容,希望能把您最需要的思想、方法,一字一句地交到您手中,成为管理知识与管理实践的桥梁。

但是我们也知道,有很多深入企业一线、经验丰富、乐于分享的优秀专家,或者忙于实战没时间,或者缺少专业的写作指导和便捷的出版途径,只能茫然以待……

还有很多在竞争大潮中坚守的企业,有着异常宝贵的实践经验和独特的洞察,但缺少专业的记录和整理者,无法让企业的经验和故事被更多的人了解、学习……

对读者而言,这些都太遗憾了!

博瑞森非常希望能将这些埋藏的"宝藏"发掘出来,贡献给广大读者,让更多的人从中受益。

所以,我们真心地邀请您,我们的老读者,帮我们搜寻:

推荐作者

可以是您自己或您的朋友,只要对本土管理有实践、有思考;可以是您通过网络、杂志、书籍或其他途径了解的某位专家,不管名气大小,只要他的思想和方法曾让您深受启发。

可以是管理类作品,也可以超出管理,各类优秀的社科作品或学术作品。

推荐企业

可以是您自己所在的企业,或者是您熟悉的某家企业,其创业过程、运营经历、产品研发、机制创新,等等。无论企业大小,只要乐于分享、有值得借鉴书写之处。

总之,好内容就是一切!

博瑞森绝非"自费出书",出版费用完全由我们承担。您推荐的作者或企业案例一经采用,我们会立刻向您赠送书币 1000 元,可直接换取任何博瑞森图书的纸书或电子书。

感谢您对本土管理原创、博瑞森图书的支持!

1120 本土管理实践与创新论坛

这是由100多位本土管理专家联合创立的企业管理实践学术交流组织，旨在孵化本土管理思想、促进企业管理实践、加强专家间交流与协作。

论坛每年集中力量办好两件大事：第一，"**出一本书**"，汇聚一年的思考和实践，把最原创、最前沿、最实战的内容集结成册，贡献给读者；第二，"**办一次会**"，每年11月20日本土管理专家们汇聚一堂，碰撞思想、研讨案例、交流切磋、回馈社会。

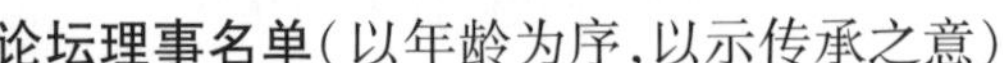

论坛理事名单（以年龄为序，以示传承之意）

企业案例·老板传记			
	书名．作者	内容/特色	读者价值
企业案例·老板传记	**你不知道的加多宝:原市场部高管讲述** 曲宗恺　牛玮娜　著	前加多宝高管解读加多宝	全景式解读,原汁原味
	借力咨询:德邦成长背后的秘密 官同良　王祥伍　著	讲述德邦是如何借助咨询公司的力量进行自身 与发展的	来自德邦内部的第一线资料,真实、珍贵,令人受益匪浅
	娃哈哈区域标杆:豫北市场营销实录 罗宏文　赵晓萌　等著	本书从区域的角度来写娃哈哈河南分公司豫北市场是怎么进行区域市场营销,成为娃哈哈全国第一大市场、全国增量第一高市场的一些操作方法	参考性、指导性,一线真实资料
	六个核桃凭什么:从0过100亿 张学军　著	首部全面揭秘养元六个核桃裂变式成长的巨著	学习优秀企业的成长路径,了解其背后的理论体系
	像六个核桃一样:打造畅销品的36个简明法则 王　超　范　萍　著	本书分上下两篇:包括"六个核桃"的营销战略历程和36条畅销法则	知名企业的战略历程极具参考价值,36条法则提供操作方法
	解决方案营销实战案例 刘祖轲　著	用10个真案例讲明白什么是工业品的解决方案式营销,实战、实用	有干货、真正操作过的才能写得出来
	招招见销量的营销常识 刘文新　著	如何让每一个营销动作都直指销量	适合中小企业,看了就能用
	我们的营销真案例 联纵智达研究院　著	五芳斋粽子从区域到全国/诺贝尔瓷砖门店销量提升/利豪家具出口转内销/汤臣倍健的营销模式	选择的案例都很有代表性,实在、实操!
	中国营销战实录:令人拍案叫绝的营销真案例 联纵智达　著	51个案例,42家企业,38万字,18年,累计2000余人次参与……	最真实的营销案例,全是一线记录,开阔眼界
	双剑破局:沈坤营销策划案例集 沈　坤　著	双剑公司多年来的精选案例解析集,阐述了项目策划中每一个营销策略的诞生过程,策划角度和方法	一线真实案例,与众不同的策划角度令人拍案叫绝、受益匪浅
	宗:一位制造业企业家的思考 杨　涛　著	1993年创业,引领企业平稳发展20多年,分享独到的心得体会	难得的一本老板分享经验的书
	简单思考:AMT咨询创始人自述 孔祥云　著	著名咨询公司(AMT)的CEO创业历程中点点滴滴的经验与思考	每一位咨询人,每一位创业者和管理经营者,都值得一读
	边干边学做老板 黄中强　著	创业20多年的老板,有经验、能写、又愿意分享,这样的书很少	处处共鸣,帮助中小企业老板少走弯路
	三四线城市超市如何快速成长:解密甘雨亭 IBMG国际商业管理集团　著	国内外标杆企业的经验+本土实践量化数据+操作步骤、方法	通俗易懂,行业经验丰富,宝贵的行业量化数据,关键思路和步骤
	中国首家未来超市:解密安徽乐城 IBMG国际商业管理集团　著	本书深入挖掘了安徽乐城超市的试验案例,为零售企业未来的发展提供了一条可借鉴之路	通俗易懂,行业经验丰富,宝贵的行业量化数据,关键思路和步骤
互联网+	**企业微信营销全指导** 孙　巍　著	专门给企业看到的微信营销书,手把手教企业从小白到微信营销专家	企业想学微信营销现在还不晚,两眼一抹黑也不怕,有这本书就够
	企业网络营销这样做才对:B2B　大宗B2C 张　进　著	简单直白拿来就用,各种窍门信手拈来,企业网络营销不麻烦也不用再头疼,一般人不告诉他	B2B、大宗B2C企业有福了,看了就能学会网络营销

续表

互联网＋			
	书名．作者	内容/特色	读者价值
互联网＋	**互联网时代的银行转型** 韩友诚　著	以大量案例形式为读者全面展示和分析了银行的互联网金融转型应对之道	结合本土银行转型发展案例的书籍
	正在发生的转型升级·实践 本土管理实践与创新论坛　著	企业在快速变革期所展现出的管理变革新成果、新方法、新案例	重点突出对于未来企业管理相关领域的趋势研判
	触发需求：互联网新营销样本·水产 何足奇　著	传统产业都在苦闷中挣扎前行，本书通过鲜活的案例告诉你如何以需求链整合供应链，从而把大家熟知的传统行业打碎了重构、重做一遍	全是干货，值得细读学习，并且作者的理论已经经过了他亲自操刀的实践检验，效果惊人，就在书中全景展示
	移动互联新玩法：未来商业的格局和趋势 史贤龙　著	传统商业、电商、移动互联，三个世界并存，这种新格局的玩法一定要懂	看清热点的本质，把握行业先机，一本书搞定移动互联网
	微商生意经：真实再现33个成功案例操作全程 伏泓霖　罗晓慧　著	本书为33个真实案例，分享案例主人公在做微商过程中的经验教训	案例真实，有借鉴意义
	阿里巴巴实战运营——14招玩转诚信通 聂志新　著	本书主要介绍阿里巴巴诚信通的十四个基本推广操作，从而帮助使用诚信通的用户及企业更好地提升业绩	基本操作，很多可以边学边用，简单易学
	今后这样做品牌：移动互联时代的品牌营销策略 蒋　军　著	与移动互联紧密结合，告诉你老方法还能不能用，新方法怎么用	今后这样做品牌就对了
	互联网＋“变”与“不变”：本土管理实践与创新论坛集萃·2016 本土管理实践与创新论坛　著	本土管理领域正在产生自己独特的理论和模式，尤其在移动互联时代，有很多新课题需要本土专家们一起研究	帮助读者拓宽眼界、突破思维
	创造增量市场：传统企业互联网转型之道 刘红明　著	传统企业需要用互联网思维去创造增量，而不是用电子商务去转移传统业务的存量	教你怎么在“互联网＋”的海洋中创造实实在在的增量
	重生战略：移动互联网和大数据时代的转型法则 沈　拓　著	在移动互联网和大数据时代，传统企业转型如同生命体打算与再造，称之为“重生战略”	帮助企业认清移动互联网环境下的变化和应对之道
	画出公司的互联网进化路线图：用互联网思维重塑产品、客户和价值 李　蓓　著	18个问题帮助企业一步步梳理出互联网转型思路	思路清晰、案例丰富，非常有启发性
	7个转变，让公司3年胜出 李　蓓　著	消费者主权时代，企业该怎么办	这就是互联网思维，老板有能这样想，肯定倒不了
	跳出同质思维，从跟随到领先 郭　剑　著	66个精彩案例剖析，帮助老板突破行业长期思维惯性	做企业竟然有这么多玩法，开眼界

续表

行业类:零售、白酒、食品/快消品、农业、医药、建材家居等			
	书名.作者	内容/特色	读者价值
零售·超市·餐饮·服装	**总部有多强大,门店就能走多远** IBMG国际商业管理集团　著	如何把总部做强,成为门店的坚实后盾	了解总部建设的方法与经验
	超市卖场定价策略与品类管理 IBMG国际商业管理集团　著	超市定价策略与品类管理实操案例和方法	拿来就能用的理论和工具
	连锁零售企业招聘与培训破解之道 IBMG国际商业管理集团　著	围绕零售企业组织架构、培训体系建设等内容进行深刻探讨	破解人才发现和培养瓶颈的关键点
	中国首家未来超市:解密安徽乐城 IBMG国际商业管理集团　著	介绍了乐城作为中国首家未来超市从无到有的传奇经历	了解新型零售超市的运作方式及管理特色
	三四线城市超市如何快速成长:解密甘雨亭 IBMG国际商业管理集团　著	揭秘一家三四线连锁超市的经验策略	不但可以欣赏它的优点,而且可以学会它成功的方法
	涨价也能卖到翻 村松达夫　【日】	提升客单价的15种实用、有效的方法	日本企业在这方面非常值得学习和借鉴
	移动互联下的超市升级 联商网专栏频道　著	深度解析超市转型升级重点	帮助零售企业把握全局、看清方向
	手把手教你做专业督导:专卖店、连锁店 熊亚柱　著	从督导的职能、作用,在工作中需要的专业技能、方法,都提供了详细的解读和训练办法,同时附有大量的表单工具	无论是店铺需要统一培训,还是个人想成为优秀的督导,有这一本就够了
	百货零售全渠道营销策略 陈继展　著	没有照本宣科、说教式的絮叨,只有笔者对行业的认知与理解,庖丁解牛式的逐项解析、展开	通俗易懂,花极少的时间快速掌握该领域的知识及趋势
	零售:把客流变成购买力 丁　昀　著	如何通过不断升级产品和体验式服务来经营客流	如何进行体验营销,国外的好经营,这方面有启发
	餐饮企业经营策略第一书 吴　坚　著	分别从产品、顾客、市场、盈利模式等几个方面,对现阶段餐饮企业的发展提出策略和思路	第一本专业的、高端的餐饮企业经营指导书
	电影院的下一个黄金十年:开发·差异化·案例 李保煜　著	对目前电影院市场存大的问题及如何解决进行了探讨与解读	多角度了解电影院运营方式及代表性案例
	赚不赚钱靠店长:从懂管理到会经营 孙彩军　著	通过生动的案例来进行剖析,注重门店管理细节方面的能力提升	帮助终端门店店长在管理门店的过程中实现经营思路的拓展与突破
耐消品	**商用汽车经销商经营实战** 杜建君　王朝阳　章晓青　等著	从管理到经营,从销售到服务,系统化运作全指导	为经销商经营开阔思路,掌握方法
	汽车配件这样卖:汽车后市场销售秘诀100条 俞士耀　著	汽配销售业务员必读,手把手教授最实用的方法,轻松得来好业绩	快速上岗,专业实效,业绩无忧
	跟行业老手学经销商开发与管理:家电、耐消品、建材家居 黄润霖　著	全部来源于经销商管理的一线问题,作者用丰富的经验将每一个问题落实到最便捷快速的操作方法上去	书中每一个问题都是普通营销人亲口提出的,这些问题你也会遇到,作者进行的解答则精彩实用

续表

白酒	**白酒到底如何卖** 赵海永　著	以市场实战为主，多层次、全方位、多角度地阐释了白酒一线市场操作的最新模式和方法，接地气	实操性强，37 个方法、6 大案例帮你成功卖酒
	变局下的白酒企业重构 杨永华　著	帮助白酒企业从产业视角看清趋势，找准位置，实现弯道超车的书	行业内企业要减少 90%，自己在什么位置，怎么做，都清楚了
	1. 白酒营销的第一本书（升级版） **2. 白酒经销商的第一本书** 唐江华　著	华泽集团湖南开口笑公司品牌部长，擅长酒类新品推广、新市场拓展	扎根一线，实战
	区域型白酒企业营销必胜法则 朱志明　著	为区域型白酒企业提供 35 条必胜法则，在竞争中赢销的葵花宝典	丰富的一线经验和深厚积累，实操实用
	10 步成功运作白酒区域市场 朱志明　著	白酒区域操盘者必备，掌握区域市场运作的战略、战术、兵法	在区域市场的攻伐防守中运筹帷幄，立于不败之地
	酒业转型大时代：微酒精选 2014－2015 微酒　主编	本书分为五个部分：当年大事件、那些酒业营销工具、微酒独立策划、业内大调查和十大经典案例	了解行业新动态、新观点，学习营销方法
快消品·食品	**这样打造快消品标杆市场** 罗宏文　著	帮助你解决如何成功打造标杆市场和进行持续增量管理两大问题	一套系统的方法论，通俗易懂，可以直接套用
	5 小时读懂快消品营销：中国快消品案例观察 陈海超　著	多年营销经验的一线老手把案例掰开了、揉碎了，从中得出的各种手段和方法给读者以帮助和启发	营销那些事儿的个中秘辛，求人还不一定告诉你，这本书里就有
	快消品招商的第一本书：从入门到精通 刘　雷　著	深入浅出，不说废话，有工具方法，通俗易懂	让零基础的招商新人快速学习书中最实用的招商技能，成长为骨干人才
	乳业营销第一书 侯军伟　著	对区域乳品企业生存发展关键性问题的梳理	唯一的区域乳业营销书，区域乳品企业一定要看
	食用油营销第一书 余　盛　著	10 多年油脂企业工作经验，从行业到具体实操	食用油行业第一书，当之无愧
	中国茶叶营销第一书 柏　龑　著	如何跳出茶行业"大文化小产业"的困境，作者给出了自己的观察和思考	不是传统做茶的思路，而是现在商业做茶的思路
	调味品营销第一书 陈小龙　著	国内唯一一本调味品营销的书	唯一的调味品营销的书，调味品的从业者一定要看
	快消品营销人的第一本书：从入门到精通 刘　雷　伯建新　著	快消行业必读书，从入门到专业	深入细致，易学易懂
	变局下的快消品营销实战策略 杨永华　著	通胀了，成本增加，如何从被动应战变成主动的"系统战"	作者对快消品行业非常熟悉、非常实战
	快消品经销商如何快速做大 杨永华　著	本书完全从实战的角度，评述现象，解析误区，揭示原理，传授方法	为转型期的经销商提供了解决思路，指出了发展方向
	一位销售经理的工作心得 蒋　军　著	一线营销管理人员想提升业绩却无从下手时，可以看看这本书	一线的真实感悟
	快消品营销：一位销售经理的工作心得 2 蒋　军　著	快消品、食品饮料营销的经验之谈，重点图书	来源与实战的精华总结
	快消品营销与渠道管理 谭长春　著	将快消品标杆企业渠道管理的经验和方法分享出来	可口可乐、华润的一些具体的渠道管理经验，实战

续表

快消品·食品	**成为优秀的快消品区域经理(升级版)** 伯建新　著	用"怎么办"分析区域经理的工作关键点,增加30%全新内容,更贴近环境变化	可以作为区域经理的"速成催化器"
	销售轨迹:一位快消品营销总监的拼搏之路 秦国伟　著	本书讲述了一个普通销售员打拼成为跨国企业营销总监的真实奋斗历程	激励人心,给广大销售员以力量和鼓舞
	快消老手都在这样做:区域经理操盘锦囊 方　刚　著	非常接地气,全是多年沉淀下来的干货,丰富的一线经验和实操方法不可多得	在市场摸爬滚打的"老油条",那些独家绝招妙招一般你问都是问不来的
	动销四维:全程辅导与新品上市 高继中　著	从产品、渠道、促销和新品上市详细讲解提高动销的具体方法,总结作者18年的快消品行业经验,方法实操	内容全面系统,方法实操
农业	**新农资如何换道超车** 刘祖轲　等著	从农业产业化、互联网转型、行业营销与经营突破四个方面阐述如何让农资企业占领先机、提前布局	南方略专家告诉你如何应对资源浪费、生产效率低下、产能严重过剩、价格与价值严重扭曲等
	中国牧场管理实战:畜牧业、乳业必读 黄剑黎　著	本书不仅提供了来自一线的实际经验,还收入了丰富的工具文档与表单	填补空白的行业必读作品
	中小农业企业品牌战法 韩　旭　著	将中小农业企业品牌建设的方法,从理论讲到实践,具有指导性	全面把握品牌规划,传播推广,落地执行的具体措施
	农资营销实战全指导 张　博　著	农资如何向"深度营销"转型,从理论到实践进行系统剖析,经验资深	朴实、使用!不可多得的农资营销实战指导
	农产品营销第一书 胡浪球　著	从农业企业战略到市场开拓、营销、品牌、模式等	来源于实践中的思考,有启发
	变局下的农牧企业9大成长策略 彭志雄　著	食品安全、纵向延伸、横向联合、品牌建设……	唯一的农牧企业经营实操的书,农牧企业一定要看
医药	**在中国,医药营销这样做:时代方略精选文集** 段继东　主编	专注于医药营销咨询15年,将医药营销方法的精华文章合编,深入全面	可谓医药营销领域的顶尖著作,医药界读者的必读书
	医药新营销:制药企业、医药商业企业营销模式转型 史立臣　著	医药生产企业和商业企业在新环境下如何做营销?老方法还有没有用?如何寻找新方法?新方法怎么用?本书给你答案	内容非常现实接地气,踏实谈问题说方法
	医药企业转型升级战略 史立臣　著	药企转型升级有5大途径,并给出落地步骤及风险控制方法	实操性强,有作者个人经验总结及分析
	新医改下的医药营销与团队管理 史立臣　著	探讨新医改对医药行业的系列影响和医药团队管理	帮助理清思路,有一个框架
	医药营销与处方药学术推广 马宝琳　著	如何用医学策划把"平民产品"变成"明星产品"	有真货、讲真话的作者,堪称处方药营销的经典!
	新医改,医药企业如何应对行业洗牌 林延君　沈　斌　著	一方面,围绕着变革,多角度阐述药企的应对之道;另一方面,紧扣实践,介绍近百家医药企业创新实践案例	医改变革10年,医药企业如何应对大洗牌?重磅出击的药企人必读书
	新医改了,药店就要这样开 尚　锋　著	药店经营、管理、营销全攻略	有很强的实战性和可操作性
	电商来了,实体药店如何突围 尚　锋　著	电商崛起,药店该如何突围?本书从促销、会员服务、专业性、客单价等多重角度给出了指导方向	实战攻略,拿来就能用

续表

医药	**OTC医药代表药店销售36计** 鄢圣安　著	以《三十六计》为线，写OTC医药代表向药店销售的一些技巧与策略	案例丰富，生动真实，实操性强
	OTC医药代表药店开发与维护 鄢圣安　著	要做到一名专业的医药代表，需要做什么、准备什么、知识储备、操作技巧等	医药代表药店拜访的指导手册，手把手教你快速上手
	引爆药店成交率1：店员导购实战 范月明　著	一本书解决药店导购所有难题	情景化、真实化、实战化
	引爆药店成交率2：经营落地实战 范月明　著	最接地气的经营方法全指导	揭示了药店经营的几类关键问题
	引爆药店成交率：专业化销售解决方案 范月明　著	药品搭配分析与关联销售	为药店人专业化助力
建材家居	**成为最赚钱的家具建材经销商** 李治江　著	从销售模式、产品、门店等老板们最关注和最需要的方面解决问题、提供方法	只要你是建材、家具、家居用品的经销商老板，这就是一本必读的书
	家具行业操盘手 王献永　著	家具行业问题的终结者	解决了干家具还有没有前途？为什么同城多店的家具经销商很难做大做强等问题
	建材家居营销：除了促销还能做什么 孙嘉晖　著	一线老手的深度思考，告诉你在建材家居营销模式基本停滞的今天，除了促销，营销还能怎么做	给你的想法一场革命
	建材家居营销实务 程绍珊　杨鸿贵　主编	价值营销运用到建材家居，每一步都让客户增值	有自己的系统、实战
	建材家居门店销量提升 贾同领　著	店面选址、广告投放、推广助销、空间布局、生动展示、店面运营等	门店销量提升是一个系统工程，非常系统、实战
	10步成为最棒的建材家居门店店长 徐伟泽　著	实际方法易学易用，让员工能够迅速成长，成为独当一面的好店长	只要坚持这样干，一定能成为好店长
	手把手帮建材家居导购业绩倍增：成为顶尖的门店店员 熊亚柱　著	生动的表现形式，让普通人也能成为优秀的导购员，让门店业绩长红	读着有趣，用着简单，一本在手、业绩无忧
	建材家居经销商实战42章经 王庆云　著	告诉经销商：老板怎么当、团队怎么带、生意怎么做	忠言逆耳，看着不舒服就对了，实战总结，用一招半式就值了
工业品	**销售是门专业活：B2B、工业品** 陆和平　著	销售流程就应该跟着客户的采购流程和关注点的变化向前推进，将一个完整的销售过程分成十个阶段，提供具体方法	销售不是请客吃饭拉关系，是个专业的活计！方法在手，走遍天下不愁
	解决方案营销实战案例 刘祖轲　著	用10个真案例讲明白什么是工业品的解决方案式营销，实战、实用	有干货、真正操作过的才能写得出来
	变局下的工业品企业7大机遇 叶敦明　著	产业链条的整合机会、盈利模式的复制机会、营销红利的机会、工业服务商转型机会……	工业品企业还可以这样做，思维大突破
	工业品市场部实战全指导 杜　忠　著	工业品市场部经理工作内容全指导	系统、全面、有理论、有方法，帮助工业品市场部经理更快提升专业能力
	工业品营销管理实务 李洪道　著	中国特色工业品营销体系的全面深化、工业品营销管理体系优化升级	工具更实战，案例更鲜活，内容更深化

续表

工业品	**工业品企业如何做品牌** 张东利　著	为工业品企业提供最全面的品牌建设思路	有策略、有方法、有思路、有工具
	丁兴良讲工业4.0 丁兴良　著	没有枯燥的理论和说教，用朴实直白的语言告诉你工业4.0的全貌	工业4.0是什么？本书告诉你答案
	资深大客户经理：策略准，执行狠 叶敦明　著	从业务开发、发起攻势、关系培育、职业成长四个方面，详述了大客户营销的精髓	满满的全是干货
	一切为了订单：订单驱动下的工业品营销实战 唐道明　著	其实，所有的企业都在围绕着两个字在开展全部的经营和管理工作，那就是"订单"	开发订单、满足订单、扩大订单。本书全是实操方法，字字珠玑、句句干货，教你获得营销的胜利
金融	**交易心理分析** (美)马克·道格拉斯　著 刘真如　译	作者一语道破赢家的思考方式，并提供了具体的训练方法	不愧是投资心理的第一书，绝对经典
	精品银行管理之道 崔海鹏　何　屹　主编	中小银行转型的实战经验总结	中小银行的教材很多，实战类的书很少，可以看看
	支付战争 Eric M. Jackson　著 徐　彬　王　晓　译	PayPal创业期营销官，亲身讲述PayPal从诞生到壮大到成功出售的整个历史	激烈、有趣的内幕商战故事！了解美国支付市场的风云巨变
	中外并购名著专业阅读指南 叶兴平　等著	在5000多本并购类图书中精选的200著作，在阅读的基础上写的读书评价	精挑细选200本并一一评介，省去读者挑选的烦恼，快捷、高效
	互联网时代的银行转型 韩友诚　著	以大量案例形式为读者全面展示和分析了银行的互联网金融转型应对之道	结合本土银行转型发展案例的书籍
房地产	**产业园区/产业地产规划、招商、运营实战** 阎立忠　著	目前中国第一本系统解读产业园区和产业地产建设运营的实战宝典	从认知、策划、招商到运营全面了解地产策划
	人文商业地产策划 戴欣明　著	城市与商业地产战略定位的关键是不可复制性，要发现独一无二的"味道"	突破千城一面的策划困局
	电影院的下一个黄金十年：开发·差异化·案例 李保煜　著	对目前电影院市场存大的问题及如何解决进行了探讨与解读	多角度了解电影院运营方式及代表性案例
能源	**全能型班组：城市能源互联网与电力班组升级** 国网天津市电力公司　编著	借鉴国内外优秀企业的转型升级思路，通过对于新型班组组织模式和运行机制的大胆设想，力图构建充分适应内外环境变化的全能型班组	看看庞大的国企在新环境下是如何顺应时代的
	国网天津电力全能型班组建设实务 国网天津市电力公司　编著	本书聚焦于天津电力公司在探索全能型班组转型升级时的优秀实践	电力行业的班组实践，具体、可操作性强

经营类：企业如何赚钱，如何抓机会，如何突破，如何"开源"

	书名．作者	内容/特色	读者价值
抓方向	**让经营回归简单．升级版** 宋新宇　著	化繁为简抓住经营本质：战略、客户、产品、员工、成长	经典，做企业就这几个关键点！
	混沌与秩序Ⅰ：变革时代企业领先之道 **混沌与秩序Ⅱ：变革时代管理新思维** 彭剑锋　尚艳玲　主编	汇集华夏基石专家团队10年来研究成果，集中选择了其中的精华文章编篡成册	作者都是既有深厚理论积淀又有实践经验的重磅专家，为中国企业和企业家的未来提出了高屋建瓴的观点
	活系统：跟任正非学当老板 孙行健　尹　贤　著	以任正非的独到视角，教企业老板如何经营公司	看透公司经营本质，激活企业活力

续表

抓方向	**重构:快消品企业重生之道** 杨永华　著	从7个角度,帮助企业实现系统性的改造	提供转型思想与方法,值得参考
	公司由小到大要过哪些坎 卢　强　著	老板手里的一张"企业成长路线图"	现在我在哪儿,未来还要走哪些路,都清楚了
	企业二次创业成功路线图 夏惊鸣　著	企业曾经抓住机会成功了,但下一步该怎么办?	企业怎样获得第二次成功,心里有个大框架了
	老板经理人双赢之道 陈　明　著	经理人怎养选平台、怎么开局,老板怎样选/育/用/留	老板生闷气,经理人牢骚大,这次知道该怎么办了
	简单思考:AMT 咨询创始人自述 孔祥云　著	著名咨询公司(AMT)的 CEO 创业历程中点点滴滴的经验与思考	每一位咨询人,每一位创业者和管理经营者,都值得一读
	企业文化的逻辑 王祥伍　黄健江　著	为什么企业绩效如此不同,解开绩效背后的文化密码	少有的深刻,有品质,读起来很流畅
	使命驱动企业成长 高可为　著	钱能让一个人今天努力,使命能让一群人长期努力	对于想做事业的人,'使命'是绕不过去的
思维突破	**盈利原本就这么简单** 高可为　著	从财务的角度揭示企业盈利的秘密	多方面解读商业模式与盈利的关系,通俗易懂,受益匪浅
	移动互联新玩法:未来商业的格局和趋势 史贤龙　著	传统商业、电商、移动互联,三个世界并存,这种新格局的玩法一定要懂	看清热点的本质,把握行业先机,一本书搞定移动互联网
	画出公司的互联网进化路线图:用互联网思维重塑产品、客户和价值 李　蓓　著	18个问题帮助企业一步步梳理出互联网转型思路	思路清晰、案例丰富,非常有启发性
	重生战略:移动互联网和大数据时代的转型法则 沈　拓　著	在移动互联网和大数据时代,传统企业转型如同生命体打算与再造,称之为"重生战略"	帮助企业认清移动互联网环境下的变化和应对之道
	创造增量市场:传统企业互联网转型之道 刘红明　著	传统企业需要用互联网思维去创造增量,而不是用电子商务去转移传统业务的存量	教你怎么在"互联网 +"的海洋中创造实实在在的增量
	7个转变,让公司3年胜出 李　蓓　著	消费者主权时代,企业该怎么办	这就是互联网思维,老板有能这样想,肯定倒不了
	跳出同质思维,从跟随到领先 郭　剑　著	66个精彩案例剖析,帮助老板突破行业长期思维惯性	做企业竟然有这么多玩法,开眼界
	麻烦就是需求　难题就是商机 卢根鑫　著	如何借助客户的眼睛发现商机	什么是真商机,怎么判断、怎么抓,有借鉴
	互联网+"变"与"不变":本土管理实践与创新论坛集萃·2016 本土管理实践与创新论坛　著	加速本土管理思想的孕育诞生,促进本土管理创新成果更好地服务企业、贡献社会	各个作者本年度最新思想,帮助读者拓宽眼界、突破思维
	消费升级:实践　研究(文集) 本土管理实践与创新论坛　著	38位管理专家及7位学者的精华思想,从经营、管理、行业及思想研究四个方面阐述中国企业在消费升级下的实践与研究	思想启发,行业借鉴
财务	**写给企业家的公司与家庭财务规划——从创业成功到富足退休** 周荣辉　著	本书以企业的发展周期为主线,写各阶段企业与企业主家庭的财务规划	为读者处理人生各阶段企业与家庭的财务问题提供建议及方法,让家庭成员真正享受财富带来的益处

续表

财务	互联网时代的成本观 程　翔　著	本书结合互联网时代提出了成本的多维观，揭示了多维组合成本的互联网精神和大数据特征，论述了其产生背景、实现思路和应用价值	在传统成本观下为盈利的业务，在新环境下也许就成为亏损业务。帮助管理者从新的角度来看待成本，进一步做好精益管理
管理类：效率如何提升，如何实现经营目标，如何“节流”			
	书名．作者	内容/特色	读者价值
通用管理	**让管理回归简单·升级版** 宋新宇　著	从目标、组织、决策、授权、人才和老板自己层面教你怎样做管理	帮助管理抓住管理的要害，让管理变得简单
	让经营回归简单·升级版 宋新宇　著	从战略、客户、产品、员工、成长、经营者自身等七个方面，归纳总结出简单有效的经营法则	总结出的真正优秀企业的成功之道：简单
	让用人回归简单 宋新宇　著	从用人的原则、用人的难题与误区、用人的方法和用人者的修炼四大方面，总结出适合中小企业做好人才管理工作的法则	帮助管理者抓住用人的要害，让用人变得简单
	历史深处的管理智慧1：组织建设与用人之道 刘文瑞　著	对历史之典故、政事、人事、政制进行管理解析，鉴照企业人才的选用育留	推动理论与实践的对接，实现理性与情感的渗透，用中国话语说明管理智慧
	历史深处的管理智慧2：战略决策与经营运作 刘文瑞 著	对历史之典故、政事、人事、政制进行管理解析，鉴照企业战略设计与经营实践	推动理论与实践的对接，实现理性与情感的渗透，用中国话语说明管理智慧
	历史深处的管理智慧3：领导修炼与文化素养 刘文瑞　著	对历史之典故、政事、人事、政制进行管理解析，鉴照企业领导职业能力提升与文化修养	推动理论与实践的对接，实现理性与情感的渗透，用中国话语说明管理智慧
	管理的尺度 刘文瑞　著	对管理中的种种普遍性问题进行了批评	提高把握管理尺度的能力
	管理学在中国 刘文瑞　著	系统性介绍了管理学在中国的发展和演变	了解管理学在中国的发展脉络，更清晰理解管理学的本质
	管理：以规则驾驭人性 王春强　著	详细解读企业规则的制定方法	从人与人博弈角度提升管理的有效性
	员工心理学超级漫画版 邢　雷　著	以漫画的形式深度剖析员工心理	帮助管理者更了解员工，从而更轻松地管理员工
	老板有想法，高层有干法：企业中的将、帅之道 王清华　著	深入剖析老板与高管的异同	各司其职，各行其是，相辅相成
	分股合心：股权激励这样做 段磊　周剑　著	通过丰富的案例，详细介绍了股权激励的知识和实行方法	内容丰富全面、易读易懂，了解股权激励，有这一本就够了
	边干边学做老板 黄中强　著	创业20多年的老板，有经验、能写、又愿意分享，这样的书很少	处处共鸣，帮助中小企业老板少走弯路
	成为敏感而体贴的公司 王　涛　著	本书为作者对企业的观察和冥想的随笔记录。从生活中的一个现象入手，进而探索现象背后的本质	从全新角度认识公司
	中国企业的觉醒：正直 善良 成长 王　涛　著	围绕着企业人如何发生转化展开，对中国人、中国文化及由此导致的企业现状的观察和思考	企业除了要利润，还需要道德

续表

通用管理	**有意识的思考:轻松化解问题的7个思考习惯** 王　涛　著	本书是对思想、思考过程、思考方式进行的细致观察	养成好的思考习惯,更深刻地看问题
	中国式阿米巴落地实践之从交付到交易 胡八一　著	本书主要讲述阿米巴经营会计,“从交付到交易”,这是成功实施了阿米巴的标志	阿米巴经营会计的工作是有逻辑关联的,一本书就能搞定
	中国式阿米巴落地实践之激活组织 胡八一　著	重点讲解如何科学划分阿米巴单元,阐述划分的实操要领、思路、方法、技术与工具	最大限度减少“推行风险”和“摸索成本”,利于公司成功搭建适合自身的个性化阿米巴经营体系
	集团化企业阿米巴实战案例 初勇钢　著	一家集团化企业阿米巴实施案例	指导集团化企业系统实施阿米巴
	阿米巴经营的中国模式 李志华　著	让员工从“要我干”到“我要干”,价值量化出来	阿米巴在企业如何落地,明白思路了
	欧博心法:好管理靠修行 曾　伟　著	用佛家的智慧,深刻剖析管理问题,见解独到	如果真的有‘中国式管理’,曾老师是其中标志性人物
	领导这样点燃你的下属 孟广桥　著	领导者如何才能让员工积极主动地工作?如何让你的员工和下属保持工作的热情,自动自发?看了这本书就知道	只要你希望手下的"兵将"永远充满工作的斗志,这本书将使你获益良多
流程管理	**1. 用流程解放管理者** **2. 用流程解放管理者2** 张国祥　著	中小企业阅读的流程管理、企业规范化的书	通俗易懂,理论和实践的结合恰到好处
	跟我们学建流程体系 陈立云　著	畅销书《跟我们学做流程管理》系列,更实操,更细致,更深入	更多地分享实践,分享感悟,从实践总结出来的方法论
质量管理	**IATF16949质量管理体系详解与案例文件汇编:TS16949转版IATF16949:2016** 谭洪华　著	针对IATF的新标准做了详细的解说,同时指出了一些推行中容易犯的错误,提供了大量的表单、案例	案例、表单丰富,拿来就用
	五大质量工具详解及运用案例:APQP/FMEA/PPAP/MSA/SPC 谭洪华　著	对制造业必备的五大质量工具中每个文件的制作要求、注意事项、制作流程、成功案例等进行了解读	通俗易懂、简便易行,能真正实现学以致用
	ISO9001:2015新版质量管理体系详解与案例文件汇编 谭洪华　著	紧密围绕2015年新版质量管理体系文件逐条详细解读,并提供可以直接套用的案例工具,易学易上手	企业质量管理认证、内审必备
	ISO14001:2015新版环境管理体系详解与案例文件汇编 谭洪华　著	紧密围绕2015年新版环境管理体系文件逐条详细解读,并提供可以直接套用的案例工具,易学易上手	企业环境管理认证、内审必备
	SA8000:2014社会责任管理体系认证实战 吕　林　著	作者根据自己的操作经验,按认证的流程,以相关案例进行说明SA8000认证体系	简单,实操性强,拿来就能用
	精益质量管理实战工具 贺小林　著	制造类企业日常工作中所需要的精益管理工具的归纳整理,并进行案例操作的细致分析	可以直接参考,实际解决生产中的具体问题
战略落地	**重生——中国企业的战略转型** 施　炜　著	从前瞻和适用的角度,对中国企业战略转型的方向、路径及策略性举措提出了一些概要性的建议和意见	对企业有战略指导意义
	公司大了怎么管:从靠英雄到靠组织 AMT金国华　著	第一次详尽阐释中国快速成长型企业的特点、问题及解决之道	帮助快速成长型企业领导及管理团队理清思路,突破瓶颈

续表

战略落地	**低效会议怎么改:每年节省一半会议成本的秘密** AMT 王玉荣 著	教你如何系统规划公司的各级会议,一本工具书	教会你科学管理会议的办法
	年初订计划,年尾有结果:战略落地七步成诗 AMT 郭晓 著	7 个步骤教会你怎么让公司制定的战略转变为行动	系统规划,有效指导计划实现
人力资源	**HRBP 是这样炼成的之“菜鸟起飞”** 新 海 著	以小说的形式,具体解析 HRBP 的职责,应该如何操作,如何为业务服务	实践者的经验分享,内容实务具体,形式有趣
	HRBP 是这样炼成的之中级修炼 新 海 著	本书以案例故事的方式,介绍了 HRBP 在实际工作中碰到的问题和挑战	书中的 HR 解决方案讲究因时因地制宜、简单有效的原则,重在启发读者思路,可供各类企业 HRBP 借鉴
	HRBP 是这样炼成的之高级修炼 新 海 著	以故事的形式,展现了 HRBP 工作者在职业发展路上的层层深入和递进	为读者提供 HRBP 在实际工作中遇到种种问题的解决方案
	把面试做到极致:首席面试官的人才甄选法 孟广桥 著	作者用自己几十年的人力资源经验总结出的一套实用的确定岗位招聘标准、提升面试官技能素质的简便方法	面试官必备,没有空泛理论,只有巧妙的实操技能
	人力资源体系与 e-HR 信息化建设 刘书生 陈 莹 王美佳 著	将作者经历的人力资源管理变革、人力资源管理信息化咨询项目方法论、工具和成果全面展现给读者,使大家能够将其快速应用到管理实践中	系统性非常强,没有废话,全部是浓缩的干货
	回归本源看绩效 孙 波 著	让绩效回顾“改进工具”的本源,真正为企业所用	确实是来源于实践的思考,有共鸣
	世界 500 强资深培训经理人教你做培训管理 陈 锐 著	从 7 大角度具体细致地讲解了培训管理的核心内容	专业、实用、接地气
	曹子祥教你做激励性薪酬设计 曹子祥 著	以激励性为指导,系统性地介绍了薪酬体系及关键岗位的薪酬设计模式	深入浅出,一本书学会薪酬设计
	曹子祥教你做绩效管理 曹子祥 著	复杂的理论通俗化,专业的知识简单化,企业绩效管理共性问题的解决方案	轻松掌握绩效管理
	把招聘做到极致 远 鸣 著	作为世界 500 强高级招聘经理,作者数十年招聘经验的总结分享	带来职场思考境界的提升和具体招聘方法的学习
	人才评价中心.超级漫画版 邢 雷 著	专业的主题,漫画的形式,只此一本	没想到一本专业的书,能写成这效果
	走出薪酬管理误区 全怀周 著	剖析薪酬管理的 8 大误区,真正发挥好枢纽作用	值得企业深读的实用教案
	集团化人力资源管理实践 李小勇 著	对搭建集团化的企业很有帮助,务实,实用	最大的亮点不是理论,而是结合实际的深入剖析
	我的人力资源咨询笔记 张 伟 著	管理咨询师的视角,思考企业的 HR 管理	通过咨询师的眼睛对比很多企业,有启发
	本土化人力资源管理 8 大思维 周 剑 著	成熟 HR 理论,在本土中小企业实践中的探索和思考	对企业的现实困境有真切体会,有启发

续表

企业文化	**36个拿来就用的企业文化建设工具** 海融心胜　主编	数十个工具，为了方便拿来就用，每一个工具都严格按照工具属性、操作方法、案例解读划分，实用、好用	企业文化工作者的案头必备书，方法都在里面，简单易操作
	企业文化建设超级漫画版 邢　雷　著	以漫画的形式系统教你企业文化建设方法	轻松易懂好操作
	华夏基石方法：企业文化落地本土实践 王祥伍　谭俊峰　著	十年积累、原创方法、一线资料，和盘托出	在文化落地方面真正有洞察，有实操价值的书
	企业文化的逻辑 王祥伍　著	为什么企业之间如此不同，解开绩效背后的文化密码	少有的深刻，有品质，读起来很流畅
	企业文化激活沟通 宋杼宸　安　琪　著	透过新任HR总经理的眼睛，揭示出沟通与企业文化的关系	有实际指导作用的文化落地读本
	在组织中绽放自我：从专业化到职业化 朱仁健　王祥伍　著	个人如何融入组织，组织如何助力个人成长	帮助企业员工快速认同并投入到组织中去，为企业发展贡献力量
	企业文化定位·落地一本通 王明胤　著	把高深枯燥的专业理论创建成一套系统化、实操化、简单化的企业文化缔造方法	对企业文化不了解，不会做？有这一本从概念到实操，就够了
生产管理	**精益思维：中国精益如何落地** 刘承元　著	笔者二十余年企业经营和咨询管理的经验总结	中国企业需要灵活运用精益思维，推动经营要素与管理机制的有机结合，推动企业管理向前发展
	300张现场图看懂精益5S管理 乐　涛　编著	5S现场实操详解	案例图解，易懂易学
	高员工流失率下的精益生产 余伟辉　著	中国的精益生产必须面对和解决高员工流失率问题	确实来源于本土的工厂车间，很务实
	车间人员管理那些事儿 岑立聪　著	车间人员管理中处理各种"疑难杂症"的经验和方法	基层车间管理者最闹心、头疼的事，'打包'解决
	1. 欧博心法：好管理靠修行 **2. 欧博心法：好工厂这样管** 曾　伟　著	他是本土最大的制造业管理咨询机构创始人，他从400多个项目、上万家企业实践中锤炼出的欧博心法	中小制造型企业，一定会有很强的共鸣
	欧博工厂案例1：生产计划管控对话录 **欧博工厂案例2：品质技术改善对话录** **欧博工厂案例3：员工执行力提升对话录** 曾　伟　著	最典型的问题、最详尽的解析，工厂管理9大问题27个经典案例	没想到说得这么细，超出想象，案例很典型，照搬都可以了
	工厂管理实战工具 欧博企管　编著	以传统文化为核心的管理工具	适合中国工厂
	苦中得乐：管理者的第一堂必修课 曾　伟　编著	曾伟与师傅大愿法师的对话，佛学与管理实践的碰撞，管理禅的修行之道	用佛学最高智慧看透管理
	比日本工厂更高效1：管理提升无极限 刘承元　著	指出制造型企业管理的六大积弊；颠覆流行的错误认知；掌握精益管理的精髓	每一个企业都有自己不同的问题，管理没有一剑封喉的秘笈，要从现场、现物、现实出发
	比日本工厂更高效2：超强经营力 刘承元　著	企业要获得持续盈利，就要开源和节流，即实现销售最大化，费用最小化	掌握提升工厂效率的全新方法

续表

生产管理	**比日本工厂更高效3:精益改善力的成功实践** 刘承元　著	工厂全面改善系统有其独特的目的取向特征,着眼于企业经营体质(持续竞争力)的建设与提升	用持续改善力来飞速提升工厂的效率,高效率能够带来意想不到的高效益
	3A顾问精益实践1:IE与效率提升 党新民　苏迎斌　蓝旭日　著	系统的阐述了IE技术的来龙去脉以及操作方法	使员工与企业持续获利
	3A顾问精益实践2:JIT与精益改善 肖志军　党新民　著	只在需要的时候,按需要的量,生产所需的产品	提升工厂效率
	手把手教你做专业的生产经理 黄　娜　著	物流、信息流、资金流,让生产经理管理有抓手	从菜鸟到能把控全局
员工素质提升	**TTT培训师精进三部曲(上):深度改善现场培训效果** 廖信琳　著	现场把控不用慌,这里有妙招一用就灵	课程现场无论遇到什么样的情况都能游刃有余
	TTT培训师精进三部曲(中):构建最有价值的课程内容 廖信琳　著	这样做课程内容,学员有收获培训师也有收获	优质的课程内容是树立个人品牌的保证
	TTT培训师精进三部曲(下):职业功力沉淀与修为提升 廖信琳　著	从内而外提升自己,职业的道路一帆风顺	走上职业TTT内训师的康庄大道
	培训师,如何让你的事业长青:自我管理的10项法则 廖信琳　著	建立了一套完整的培训师自我管理体系,为培训师的职业成长与发展提供有益的指引	培训师如何在自己的职业道路上越走越高,事业长青,一直有所收获与成长?本书将给你答案
	管理咨询师的第一本书:百万年薪 千万身价 熊亚柱　著	从问题出发,发现问题、分析问题、解决问题,让两眼一抹黑的新人快速成长	管理咨询师初入职场,让这本书开启百万年薪之路
	手把手教你做专业督导:专卖店、连锁店 熊亚柱　著	从督导的职能、作用,在工作中需要的专业技能、方法,都提供了详细的解读和训练办法,同时附有大量的表单工具	无论是店铺需要统一培训,还是个人想成为优秀的督导,有这一本就够了
	跟老板"偷师"学创业 吴江萍　余晓雷　著	边学边干,边观察边成长,你也可以当老板	不同于其他类型的创业书,让你在工作中积累创业经验,一举成功
	销售轨迹:一位快消品营销总监的拼搏之路 秦国伟　著	本书讲述了一个普通销售员打拼成为跨国企业营销总监的真实奋斗历程	激励人心,给广大销售员以力量和鼓舞
	在组织中绽放自我:从专业化到职业化 朱仁健　王祥伍　著	个人如何融入组织,组织如何助力个人成长	帮助企业员工快速认同并投入到组织中去,为企业发展贡献力量
	企业员工弟子规:用心做小事,成就大事业 贾同领　著	从传统文化《弟子规》中学习企业中为人处事的办法,从自身做起	点滴小事,修养自身,从自身的改善得到事业的提升
	手把手教你做顶尖企业内训师:TTT培训师宝典 熊亚柱　著	从课程研发到现场把控、个人提升都有涉及,易读易懂,内容丰富全面	想要做企业内训师的员工有福了,本书教你如何抓住关键,从入门到精通

续表

营销类：把客户需求融入企业各环节，提供"客户认为"有价值的东西			
	书名．作者	内容/特色	读者价值
营销模式	**精品营销战略** 杜建君　著	以精品理念为核心的精益战略和营销策略	用精品思维赢得高端市场
	变局下的营销模式升级 程绍珊　叶　宁　著	客户驱动模式、技术驱动模式、资源驱动模式	很多行业的营销模式被颠覆，调整的思路有了！
	卖轮子 科克斯【美】	小说版的营销学！营销理念巧妙贯穿其中，贵在既有趣，又有深度	经典、有趣！一个故事读懂营销精髓
	动销操盘：节奏掌控与社群时代新战法 朱志明　著	在社群时代把握好产品生产销售的节奏，解析动销的症结，寻找动销的规律与方法	都是易读易懂的干货！对动销方法的全面解析和操盘
	弱势品牌如何做营销 李政权　著	中小企业虽有品牌但没名气，营销照样能做的有声有色	没有丰富的实操经验，写不出这么具体、详实的案例和步骤，很有启发
	老板如何管营销 史贤龙　著	高段位营销16招，好学好用	老板能看，营销人也能看
	洞察人性的营销战术：沈坤教你28式 沈　坤　著	28个匪夷所思的营销怪招令人拍案叫绝，涉及商业竞争的方方面面，大部分战术可以直接应用到企业营销中	各种谋略得益于作者的横向思维方式，将其操作过的案例结合其中，提供的战术对读者有参考价值
	动销：产品是如何畅销起来的 吴江萍　余晓雷　著	真真切切告诉你，产品究竟怎么才能卖出去	击中痛点，提供方法，你值得拥有
	1000铁杆女粉丝 张兵武　著	连接是女性与生俱来的特质。能善用连接的营销人员，就像拿到打开女性荷包的钥匙	重新认识女性的传播力量
	360°谈营销：一位营销咨询师20年实战洞察 王清华　古怀亮　著	各个角度，全方位，多视点剥营销	思路单一，此书帮你破
销售	**资深大客户经理：策略准，执行狠** 叶敦明　著	从业务开发、发起攻势、关系培育、职业成长四个方面，详述了大客户营销的精髓	满满的全是干货
	成为资深的销售经理：B2B、工业品 陆和平　著	围绕"销售管理的六个关键控制点"一一展开，提供销售管理的专业、高效方法	方法和技术接地气，拿来就用，从销售员成长为经理不再犯难
	销售是门专业活：B2B、工业品 陆和平　著	销售流程就应该跟着客户的采购流程和关注点的变化向前推进，将一个完整的销售过程分成十个阶段，提供具体方法	销售不是请客吃饭拉关系，是个专业的活计！方法在手，走遍天下不愁
	向高层销售：与决策者有效打交道 贺兵一　著	一套完整有效的销售策略	有工具，有方法，有案例，通俗易懂
	卖轮子 科克斯　【美】	小说版的营销学！营销理念巧妙贯穿其中，贵在既有趣，又有深度	经典、有趣！一个故事读懂营销精髓
	学话术　卖产品 张小虎　著	分析常见的顾客异议，将优秀的话术模块化	让普通导购员也能成为销售精英
组织和团队	**升级你的营销组织** 程绍珊　吴越舟　著	用"有机性"的营销组织替代"营销能人"，营销团队变成"铁营盘"	营销队伍最难管，程老师不愧是营销第1操盘手，步骤方法都很成熟
	用数字解放营销人 黄润霖　著	通过量化帮助营销人员提高工作效率	作者很用心，很好的常备工具书

续表

组织和团队	**成为优秀的快消品区域经理(升级版)** 伯建新　著	用"怎么办"分析区域经理的工作关键点,增加30%全新内容,更贴近环境变化	可以作为区域经理的"速成催化器"
	成为资深的销售经理:B2B、工业品 陆和平　著	围绕"销售管理的六个关键控制点"一一展开,提供销售管理的专业、高效方法	方法和技术接地气,拿来就用,从销售员成长为经理不再犯难
	一位销售经理的工作心得 蒋　军　著	一线营销管理人员想提升业绩却无从下手时,可以看看这本书	一线的真实感悟
	快消品营销:一位销售经理的工作心得2 蒋　军　著	快消品、食品饮料营销的经验之谈,重点突出	来源于实战的精华总结
	销售轨迹:一位快消品营销总监的拼搏之路 秦国伟　著	本书讲述了一个普通销售员打拼成为跨国企业营销总监的真实奋斗历程	激励人心,给广大销售员以力量和鼓舞
	用营销计划锁定胜局:用数字解放营销人2 黄润霖　著	全方位教你怎么做好营销计划,好学好用真简单	照搬套用就行,做营销计划再也不头痛
	快消品营销人的第一本书:从入门到精通 刘　雷　伯建新　著	快消行业必读书,从入门到专业	深入细致,易学易懂
产品	**产品研发管理实战** 任彭枞　编著	产品研发管理体系全指导	既有工具,又能开拓思路
	新产品开发管理,就用IPD 郭富才　著	10年IPD研发管理咨询总结,国内首部IPD专业著作	一本书掌握IPD管理精髓
	资深项目经理这样做新产品开发管理 秦海林　著	以IPD为思想,系统讲解新产品开管理的细节	提供管理思路和实用工具
	产品炼金术Ⅰ:如何打造畅销产品 史贤龙　著	满足不同阶段、不同体量、不同行业企业对产品的完整需求	必须具备的思维和方法,避免在产品问题上走弯路
	产品炼金术Ⅱ:如何用产品驱动企业成长 史贤龙　著	做好产品、关注产品的品质,就是企业成功的第一步	必须具备的思维和方法,避免在产品问题上走弯路
品牌	**中小企业如何建品牌** 梁小平　著	中小企业建品牌的入门读本,通俗、易懂	对建品牌有了一个整体框架
	采纳方法:破解本土营销8大难题 朱玉童　编著	全面、系统、案例丰富、图文并茂	希望在品牌营销方面有所突破的人,应该看看
	中国品牌营销十三战法 朱玉童　编著	采纳20年来的品牌策划方法,同时配有大量的案例	众包方式写作,丰富案例给人启发,极具价值
	今后这样做品牌:移动互联时代的品牌营销策略 蒋　军　著	与移动互联紧密结合,告诉你老方法还能不能用,新方法怎么用	今后这样做品牌就对了
	中小企业如何打造区域强势品牌 吴　之　著	帮助区域的中小企业打造自身品牌,如何在强壮自身的基础上往外拓展	梳理误区,系统思考品牌问题,切实符合中小区域品牌的自身特点进行阐述
渠道通路	**快消品营销与渠道管理** 谭长春　著	将快消品标杆企业渠道管理的经验和力法分享出来	可口可乐、华润的一些具体的渠道管理经验,实战

续表

渠道通路	传统行业如何用网络拿订单 张　进　著	给老板看的第一本网络营销书	适合不懂网络技术的经营决策者看
渠道通路	采纳方法:化解渠道冲突 朱玉童　编著	系统剖析渠道冲突,21 个渠道冲突案例、情景式讲解,37 篇讲义	系统、全面
渠道通路	学话术　卖产品 张小虎　著	分析常见的顾客异议,将优秀的话术模块化	让普通导购员也能成为销售精英
渠道通路	向高层销售:与决策者有效打交道 贺兵一　著	一套完整有效的销售策略	有工具,有方法,有案例,通俗易懂
渠道通路	通路精耕操作全解:快消品 20 年实战精华 周　俊　陈小龙　著	通路精耕的详细全解,每一步的具体操作方法和表单全部无保留提供	康师傅二十年的经验和精华,实践证明的最有效方法,教你如何主宰通路

管理者读的文史哲·生活

书名．作者		内容/特色	读者价值
思想·文化	德鲁克管理思想解读 罗　珉　著	用独特视角和研究方法,对德鲁克的管理理论进行了深度解读与剖析	不仅是摘引和粗浅分析,还是作者多年深入研究的成果,非常可贵
思想·文化	德鲁克与他的论敌们:马斯洛、戴明、彼得斯 罗　珉　著	几位大师之间的论战和思想碰撞令人受益匪浅	对大师们的观点和著作进行了大量的理论加工,去伪存真、去粗存精,同时有自己独特的体系深度
思想·文化	德鲁克管理学 张远凤　著	本书以德鲁克管理思想的发展为线索,从一个侧面展示了 20 世纪管理学的发展历程	通俗易懂,脉络清晰
思想·文化	王阳明"万物一体"论:从"身－体"的立场看(修订版) 陈立胜　著	以身体哲学分析王阳明思想中的"仁"与"乐"	进一步了解传统文化,了解王阳明的思想
思想·文化	自我与世界:以问题为中心的现象学运动研究 陈立胜　著	以问题为中心,对现象学运动中的"意向性""自我""他人""身体"及"世界"各核心议题之思想史背景与内在发展理路进行深入细致的分析	深入了解现象学中的几个主要问题
思想·文化	作为身体哲学的中国古代哲学 张再林　著	上篇为中国古代身体哲学理论体系奠基性部分,下篇对由"上篇"所开出的中国身体哲学理论体系的进一步的阐发和拓展	了解什么是真正原生态意义上的中国哲学,把中国传统哲学与西方传统哲学加以严格区别
思想·文化	中西哲学的歧异与会通 张再林　著	本书以一种现代解释学的方法,对中国传统哲学内在本质尝试一种全新的和全方位的解读	发掘出掩埋在古老传统形式下的现代特质和活的生命,在此基础上揭示中西哲学"你中有我,我中有你"之旨
思想·文化	治论:中国古代管理思想 张再林　著	本书主要从儒、法墨三家阐述中国古代管理思想	看人本主义的管理理论如何不留斧痕地克服似乎无法调解的存在于人类社会行为与社会组织中的种种两难和对立
思想·文化	车过麻城 再晤李贽 张再林　著	系统全面而又简明扼要地展示了李贽独到的学术眼力和超拔的理论建树	帮助读者重新认识李贽的思想

续表

思想·文化	**中国古代政治制度(修订版)上:皇帝制度与中央政府** 刘文瑞　著	全面论证了古代皇帝制度的形成和演变的历程	有助于读者从政治制度角度了解中国国情的历史渊源
	中国古代政治制度(修订版)下:地方体制与官僚制度 刘文瑞　著	全面论证了古代地方政府的发展演变过程	有助于读者从政治制度角度了解中国国情的历史渊源
	中国思想文化十八讲(修订版) 张茂泽　著	中国古代的宗教思想文化,如对祖先崇拜、儒家天命观、中国古代关于"神"的讨论等	宗教文化和人生信仰或信念紧密相联,在文化转型时期学习和研究中国宗教文化就有特别的现实意义
	史幼波《大学》讲记 史幼波　著	用儒释道的观点阐释大学的深刻思想	一本书读懂传统文化经典
	史幼波《周子通书》《太极图说》讲记 史幼波　著	把形而上的宇宙、天地,与形而下的社会、人生、经济、文化等融合在一起	将儒家的一整套学修系统融合起来
	史幼波《中庸》讲记(上下册) 史幼波　著	全面、深入浅出地揭示儒家中庸文化的真谛	儒释道三家思想融会贯通
	梁涛讲《孟子》之万章篇 梁　涛　著	《万章》主要记录孟子与万章的对话,涉及孝道、亲情、友情、出仕为官等	作者的解读能帮助读者更好地理解孟子及儒学
	两晋南北朝十二讲(修订版) 李文才　著	作为一本普及性读物,作者尊重史实,运用"历史心理学"的叙事方法,分12个专题对两晋南北朝的历史进行阐述	让读者轻松了解两晋南北朝的历史
	每个中国人身上的春秋基因 史贤龙　著	春秋368年(公元前770–公元前403年),每一个中国人都可以在这段时期的历史中找到自己的祖先,看到真实发生的事件,同时也看到自己	长情商、识人心
	与《老子》一起思考:德篇 史贤龙　著	打通文史,回归哲慧,纵贯古今,放眼中外,妙语迭出,在当今的老子读本中别具一格	深读有深读的回味,浅尝有浅尝的机敏,可给读者不同的启发
	说服天下:《鬼谷子》的中国沟通术 翟玉忠　著	由内圣而外王,从心力的培育到具体的说服理论,再到生动的说服案例	从商业到军事再到日常生活,沟通说服已经变得越来越重要
	郑子太极拳理拳法 杨竣雄　著	走进郑子太极拳完整训练体系的大门,随着书中另一主角——师父的课程安排与每日功课的练习	当您学完这套书后,在掌握拳架的同时具备诸多正确的太极理念与系统知识
	内功太极拳训练教程 王铁仁　编著	杨式(内功)太极拳(俗称老六路)的详细介绍及具体修炼方法,身心的一次升华	书中含有大量图解并有相关视频供读者同步学习
	中医治心脏病 马宝琳　著	引用众多真实案例,客观真实地讲述了中西医对于心脏病的认识及治疗方法	看完这本书,能为您节约10万元医药费